リリアン・トゥーの風水
幸運のシンボル

リリアン・トゥー 著 ／ 田中 道明 監修

竹内 智子 翻訳

Lillian Too's Symbols of Good Fortune
© Konsep Lagenda Sdn Bhd

First published in June 1999
and reprinted fourteen times.
Improved edition April 2003
Reprint February 2004
Reprint May 2004
This revised edition April 2007

日本の皆様へ

　風水の効果を最大限に引き出すために、家の中のあらゆるものにはエネルギーがあって、それが幸運あるいは不運をもたらす、ということを意識しておかなければなりません。
　幸運か不運かは、対象となる物、形状、描写、色そして部屋にある家具が、どんなことを象徴しているかに左右されます。職場でも同じで、インテリアの「イメージ」や「象徴」から影響を受けるのです。

　実は、シンプルに幸運をあらわすものを私たちの身のまわりに飾るだけで、素晴らしい風水をつくりだすことができます。そのことをこの本「幸運のシンボル」に書きました。本の中であなたは、恋愛生活を活気づけてくれるシンボル、健康で豊かな生活と長寿をもたらすシンボル、仕事運を高めるシンボル、金運をより一層もたらしてくれるシンボル、といった全ての種類の「幸運のシンボル」を発見することでしょう。

　名声を高め、周囲から尊敬を集め、あなたに昇進をもたらしてくれるシンボルもあります。子宝運を高めるシンボルもあり、それは家族を仲良く発展させてくれるでしょう。家に金運を引き寄せるシンボルだってあるのです。

　あなたの願いごとすべてを現実化する、そのために必要な「気」をつくり出す幸運のシンボルは全部飾ること、これはとても重要なことです。
　シンボル風水は、風水のスキルの中で最もわかりやすい方法です。必要なのは、シンボルが何を意味するか、そしてそれをどう使えばポジティブな「気」が生活空間にもたらされるのか、ということだけ知っておけばよいのです。
　今回日本語版発刊にあたって「10章 干支の12の動物」に、それぞれ2019年の運勢を新たに書き加えました。大いにご活用ください。

リリアン・トゥー

はじめに
－ シンボリズムとは －

物に意味があるとするシンボリズムは、風水の実践および解釈にあたって必要不可欠、かつすべてを包含する重要な部分です。ですが、たいてい見逃され、迷信や老婆の戯言として打ち捨てられることもしばしばです。

シンボリズムとは、物体、構造、要素の持つ意味を知り、理解することです。象徴的意味を持つ花、動物、生物、鳥、その他の物の一般的な特質および特徴をうまく取り入れて個人の空間や環境を高め、幸運を引き寄せます。また、厄除けのシンボルは悪い風水や星回りによって引き起こされる災難を撃退します。シンボリズムはこうして風水実践に意味を与えるのです。

本書は、私の他の著書ですでに述べた風水実践の伝統的手法やテクニックを、効果的に補足することを目的としています。シンボルの使用は、風水実践に深みを加えます。また、とても実用的で簡単です。しかも、複雑な勉強が求められる風水の伝統的手法と同じくらい重要なのです！

中国の絵画、陶磁器、壺、彫刻、小立像などを熱心に収集してきた私は、そういった美術品や工芸品、調度品に描かれるあらゆる幸運のシンボルの持つ意味に強い興味を覚えるようになりました。そして、シンボリズムの知識を風水実践に取り入れることで、その効果が大いに高まることがわかったのです。たとえば、笑う仏陀やピヤオなどの存在が、例年の災厄を乗り越えるにあたって、大きな安心感を与えてくれることにも気づきました。

２００６年、私は五黄を乗り越えるために西に五行塔を置きました。すると、そのおかげで私（とり年）はその年を無事に終えることができました。同様に、南東にピヤオやたくさんの緑の植物を置いて木星大公を鎮めました。すると、木星大公の悪い影響を受けているにもかかわらず、様々なプロジェクトは順調に進んだのです。

シンボリズムは、風水の実用的応用に大きな役割を果たします。家や職場に正しく幸運のシンボルを飾ることで、良い風水の位置付けによってもたらされる

幸福の仏陀としても知られる笑う仏陀はわたしたちの抱える問題を幸せに変えることで有名です。

たくさんの緑の植物は常に木のエネルギーを象徴し、南東および東を高め、特に獰猛で悪い力を持つ「土」の性質のエネルギーを迎え撃つのに用いられます。

幸運の訪れが早まるのです。風水のシンボルはとても簡単に適用できます。シンボルを使用することで満足感を得られるだけなく、正しい風水の位置づけに従って飾った場合は、特にその影響力も感じられます。正しく利用すれば、良い風水を確実にするために行っているあらゆることを効果的に補足できます。気が、家の各部屋を緩やかに曲がりくねって進み、時折幸運のシンボルの存在によって強められながら、優雅にゆっくり流れるのを助けます。

　幸運のシンボルは、特別なものであったり、東洋伝来のものである必要はありません。その象徴的意味の"本質"がそこにある限り、幸運は現れるでしょう。1985年の丑(うし)年、私はクリスタルガラスでできたとてもモダンなデザインの闘牛を飾りました。縁起のいい"願いを叶える牛"を意味する純金の斑点が体の中に埋め込まれたものです。この雄牛は私に大変な幸運をもたらし、今日までそれは続いています。

　風水にシンボルを利用することは、気の流れを縁起のいいものに改善する最も簡単な方法だということがおわかりでしょう。シンボリズムでは、絵、物体、動物、花、鳥、植物、さらには天候などの隠れた意味が重要になってきます。力強い幸運を象徴する装飾品は、現代における風水実践に効果的に適用できるでしょう。シンボリズムをうまく利用すれば、気が家の各部屋を緩やかに曲がりくねって優雅にゆっくり流れるのを助けるために行っているあらゆることを効果的に補足できます。気は幸運のシンボルの存在によって強められるのです。

　本書で紹介するのは、重要な幸運のシンボルばかりであり、繁栄、富、幸福をもたらす物です。私個人としては、長年に渡ってその偉大な効果を利用して大いに成功しています。本書に出てくるシンボルについて学び、どれが心をとらえるか見てください。それを家に取り入れてください。やがてあなたは自分を取り巻くこういった幸運のシンボルを大切にするようになるでしょう。

> ミスティックノットは、幸運に限りはないということを意味する最も人気のあるシンボルです。

> 中国ではコウモリは"蝙蝠"で、発音が"幸福"と同じであることから、人気のある幸運のシンボルとなっています。

> 魚は常に豊かさを意味します。このように飛び跳ねる姿に描かれた魚は、偉大な成功を意味する龍門を超えることを象徴しています。

幸運のシンボル
目次

日本の皆様へ
はじめに －シンボリズムとは－
風水におけるシンボルの力 9

1章
富と成功のシンボル 25
幸運のコイン／厄除けのお守りとして／風水を高めるコイン／
結婚による富を高めるコイン／商船に積まれた金のインゴッド／富の花瓶／
3本足の蛙の伝説／アロワナ／金魚／吉兆を表す色の魚／龍と鳳凰／
九龍のパワー／龍のイメージ／天空の鳳凰／麒麟／龍亀／ゴールドの壺や富の箱／
贈り物を載せた馬／1対の尊い象／宝石を出すマングースと強力なピヤオ／
アカコウモリ／米びつ／ゴールドの箸、お金の木、願いを叶える牛

2章
長寿のシンボル 51
長寿の神、寿／美しい鶴／2羽で描かれる鶴／松の木／桃／竹／竹の書画／鹿／
翡翠の蝉／亀／コインの上にいる龍亀／ヒョウタン／不老不死の8人－八仙／
不老不死の植物／西の女王／長寿の書／3つ星の神、福禄寿

3章
愛や恋のシンボル 69
結婚の機会を生み出すオシドリ／雁／ダブルハピネス双喜紋／牡丹／蝶／
リュート／カササギ／吉兆の文字が書かれた紙の提灯／縁結びの神－朱色の光／
良い子孫運と多くの息子に恵まれるよう願う龍／
人生のパートナーを探しているときは／独身女性なら／独身男性なら／
恋愛の方位を活気づける／やり過ぎないように

4章
結婚や誕生日の吉兆となる儀式 87
占星術でカップルの相性をチェック／相性の悪いカップルのための矯正手段／
結婚の調和のシンボル／贈り物の交換／花嫁の婚礼衣装／赤い車／
家族の年長者への献茶の儀式／生後1ヶ月のお祝い／
千年の秋の祝宴／妊娠女性への贈り物

5章
幸運の果実と花 97
梅の花と黄色い菊／蓮は究極の純潔／蘭－木蓮／たくさんの実をつけたライム／
オレンジはゴールド／クラッスラ／ライチ－柿／四季の花

6章
厄除けのシンボル … 107
白虎は青龍の仲間/1対の獅子/狛犬/守護の門神/関公/四天王/
道教信者の護身/それぞれの護符の目的/チベットの風水/龍とコイン/
洛書と龍亀/河図と龍亀/八掛鏡/他人の悪意から身を守る/白檀の扇/
6本のウインドチャイム/香りやリン(シンギングボウル)/家族のエネルギーの浄化

7章
吉兆を表す仏教の八宝 … 125
ミスティックノット/巻貝や子安貝の貝殻/2匹の魚/天蓋/幸福と功績の蓄積を表す/
真の知恵と知識に恵まれる輪宝/貴重な遺品を入れる壺

8章
尊い8つの宝物 … 135
翡翠/尊い女王/尊い将軍/尊い大臣/尊い馬/尊い象/
受胎や子孫運の神聖なシンボル/曼荼羅の宇宙観/風の魔法

9章
繁栄の風水術 … 145
東に願いを叶える木/南東に願いを叶える牛(雌牛)/後ろに尊い山/
トウモロコシ、米、小麦の収穫を待つ田畑/ウインドチャイム/
ウォーターフィーチャー/陽のエネルギーを出す照明

10章
干支の12の動物 … 153
ねずみ(子)/うし(丑)/とら(虎)/うさぎ(卯)/たつ(辰)/へび(巳)/うま(午)/
ひつじ(未)/さる(申)/とり(酉)/いぬ(戌)/いのしし(猪)

11章
陰陽と幸運の6線シンボル … 179
月は陰のエネルギー/太陽は陽のエネルギー/乾/坤/巽

12章
吉兆の神 … 185
強力な富の神、財神爺/福建人の富の神、大伯公/三星神、福禄寿/笑う仏陀/
未来に現れる

付録 太陰暦100年/リリアン・トゥーの風水ブティック … 190

はじめに
風水におけるシンボルの力

漢字はすべて、本質的に視覚に訴えて意味を伝える象形文字です。漢字は音声というよりも図形であり、たいていの物体には幸運か不運を象徴する隠れた意味があると考える傾向を反映しています。このように、昔の中国人は多くの物体を幸運や悪運を象徴的に伝えるものとみなし、事象を前兆、つまり良い便り、悪い便りの兆しとみなすのです。

絵や言葉には、一見明白なこと以上に多くの意味が含まれていると言われます。こういった意味は明らかな場合もあれば、隠されている場合もあります。しかしながら、たいていの場合、明白なことのさらに向こうを見ることを学んだ人々は別として、象徴的な意味が一見してわかることはめったにありません。

物体や事象と関連づけられる隠れた意味は、普通の言語で表現できる以上に偉大な潜在力を持つこともしばしばです。中国で信じられているシンボリズムは一般に微妙なニュアンスに溢れ、微妙な意味の差も実に多彩です。たとえば、風景画ですが、そこに描かれる雲の形、木、山、岩、川、草、人物には意味があります。知識のない人の目には、その絵は風景画であり、他の何ものでもありません。ですが、知識のある人——つまり風水シンボルの隠れた意味を知る人の目には、雲の形、描かれている木の種類、水や岩や草の位置、最後は絵の中の山の形や方向までが幸福のメッセージを表しているのです。

はじめに｜風水におけるシンボルの力

絵画には幸福の意味が豊富に含まれていることもあれば、うっかり毒矢が隠されていることもあります。そうなると絵画それ自体が致命的な不吉なものになってしまいます。従って、昔の中国の画家は一般的な幸福のシンボルについてよく知っていました。これによって作品の売れ行きが高まるだけでなく、仕事の依頼も増えたのでした。

> 東洋絵画は単に鑑賞する芸術作品というだけでなく、象徴的な意味を伝えていると考えなければなりません。絵画は、長寿、繁栄、幸福といった特徴的なテーマを持ち、そういった意味が言葉ではなくイメージで示唆されているのです。

　古い中国絵画は、ほとんど吉兆となるテーマが描かれており、たいていは描かれているイメージ以上のことを意味しています。そのイメージは植物、木、動物、花、山、神、あるいは人間かもしれません。実際のところ、有機物や無機物など自然の中に存在するもの、生物、状況、色などなど――画家が象徴的な意味が吹き込まれると考えないものは何一つありません。画家の技術はその描き方だけではなく、描かれるものをどう組み合わせるかにも表れます。また、書の才能のある画家は絵と書の両者が共鳴して吉兆の意味を持つようにしたものでした。それ自体優れた書――美しく表現された幸運の言葉――は幸運を呼ぶものとみなされました。

　このように、表現形式と中身のしっかりした絵画は繁栄のメッセージを微妙なニュアンスで伝えています。それゆえに、尊ばれた絵画は単に芸術作品として評価されたわけではありません。隠された象徴的意味があるからこそ優れていると考えられ、その価値は10倍も増したのでした。そういった絵画は幸運、生気をもたらすとみなされ、権力を持つ上級官吏や軍指導者の家の目立つ場所にかけられました。もし価値のある古い絵画をお持ちなら、まずその絵の特徴的テーマを確認してください。

　繁栄、長寿、愛、あるいは他の幸運を表しているかもしれません。居住者の最も叶えたい望みに従って飾ってください。本書ではそれを確認する多数のテーマと、幸運の絵画をどう飾るかについての多数の提案を紹介します。

> 音声や語呂合わせがイメージの隠れた意味を知る手がかりになることもしばしばです。たとえば、魚の絵は豊かさを表しますが、それは魚(Yu)という言葉が豊かであることを意味する語と同じ音だからです。中国人がとりつかれたように熱心に魚を飼おうとし、魚が一般に幸運のシンボルとみなされるのはこのためです。

はじめに | 風水におけるシンボルの力

この風景画は長寿をテーマとしています。前景に松の木立があります。これは長寿を象徴しています。よい意味を持つこの絵画は、年配の居住者に恩恵があるように、リビングルームのできれば西の壁にかけるのが好ましいでしょう。

風水のシンボリズムを理解するには、幸運のシンボルを表す語の発音の重要性を正しく認識することが極めて重要です。魚の例は多数あるうちの一つにすぎません。音声や語呂合わせの相互作用を考えれば、特定の生物や植物が幸運を表すものとみなされる理由がわかるでしょう。例を挙げれば、アカコウモリ(赤蝙蝠)が非常に吉であるとされる理由、また、太陰暦の正月にマンダリンオレンジ(橙)をやり取りする習慣がこれほど一般的になった理由はそこにあります。

中国の古くからの言い伝えによると、アカコウモリ(赤蝙蝠)はその発音が莫大な富を意味するために、アカコウモリのイメージを持つものは極めて好ましいとされるようになったそうです。また、コウモリが家に飛んできて巣を作れば、幸運がもたらされ厄除けにもなると信じられています。だから、決してコウモリは追い払ってはいけません。まずまず成功している旅行代理店を営む私の友人は、マレーシア経済が厳しい不景気に陥ったときにコウモリの家族が家に巣を作りにやってきたと話してくれました。彼はコウモリを歓迎しました。すると、競争相手が倒産していく中、彼の会社は大変繁盛し、今ではマレーシア最大の旅行会社の一つになったのです！マンダリンオレンジ(橙)の発音はゴールド(金)と同じです！オレンジを受け取るのはゴールドを受け取ることなのです。また、数字の8が中国人に非常に好まれ、数字の4があまねく嫌われる理由もこういった語呂合わせで説明がつきます。8(八)は成長という意味の言葉の音、4(四)は死の音に似ているからです。ですが、フライングスター風水では数字の4は吉兆を意味することを覚えておいてください！

> 幸運のシンボルは、
> 主要な存在である人間を
> 取り巻く動物、植物、工芸品などに
> 意味があると考えて分類されます。
> それから、
> 調和する天と地があります。
> 富を象徴する神々がいます。
> さらに、雲、雨、露、雷といった
> 自然現象にも
> 深い象徴的意味があります。

　風水の効果を高めるために用いられる幸運のシンボルは、地上の動物と天空の神秘の生物とに分類されます。天空の生物の中でも、龍、鳳凰、麒麟は伝説上の架空の生物だと言われています。これらの生物が過去に存在したかどうかは誰にもわかりません。今日には存在しません。そのイメージが、幸せな出来事をもたらすと言われる伝説の生物は他にもあります。もはや存在しないにもかかわらず、今も好ましいとみなされている生物たちです。

　風水のシンボルとしての動物は、厄除けのシンボルとみなされています。この中でも、獅子は最もよく知られています（北京の紫禁城にある獅子の写真で有名になりました）。また虎、馬、象にもそれぞれ幸運を暗示する特別な意味があります。

　また、幸運の植物や吉兆となる果物、また愛、純潔、美を象徴する花もあります。これらをはじめ、幸運のシンボルのイメージは風水の効果を大きくし、風水の肯定的な影響を加速します。

　風水の古い教本の多くに記されているよう

4種類の天空の守護者

東
神秘の龍は究極の幸運のシンボルと考えられています。そのイメージは一般に吉兆とみなされます。

前
南に置かれた場合、あらゆる羽根のついた生物は神秘の鳳凰の気を象徴します。

西
西の白虎は単独で置くのがベストです。虎のイメージは飾らないほうがいいでしょう。

後
亀は家や庭まわりに置くと最も吉兆となる生物の1つです。

はじめに | 風水におけるシンボルの力

に、幸運は、8つの基本的な大望から成り立っています。そこに記されているのは人の日常生活で最も重要な大望と言えます。

健康と富を得ること。仕事で成功し、職業的にも社会的にも高いランクに達すること。強力な支援者と指導者に恵まれる幸運と、よい子孫に恵まれる幸運を得ること。愛、恋、よい結婚をつかむこと。最後に、富と繁栄を得ること。こういったことは、幸福を生む真に豊かな気持ちをもたらすものです。

> 幸運のシンボルには
> 基本的なテーマがあります。
> 健康で長生きする、
> 社会的に高いランクに達し
> 認められる、富と繁栄を得る、
> 優秀な子供を持つ、
> 特に家の名前を継ぐ
> 息子を持つ——こういったことは
> 幸福をもたらす大望です。

これら8つの大望すべてを表すと言われるシンボルがありますが、多くの場合、幸運のタイプは重複するものです。8つの中でおそらく最も人気があり、広く用いられているのは長寿のシンボルでしょう。

多数ある長寿のシンボルの中でも最も重要なのは寿と呼ばれる長寿の神です。優れた家長のいる多くの中国人家庭に長寿の神、寿のイメージがあるのは、家長にとって長寿は極めて重要だと考えられているからです。寿はたいてい額の長い老人の姿で表され、ヒョウタンのついた杖をつかみ、もう一方の手には不死の果物である桃を持っています。また、やはり不死の象徴である鶴や鹿を伴っていることもしばしばです。

富と金銭的成功のシンボルも、とても人気があります。繁栄のシンボルは多数ありますが、他より効力があると思われるものがいくつかあります。おそらく最も利用しやすい富のシンボルは、様々な種類の硬貨や金塊銀塊（インゴット）でしょう。

中国の古銭は非常に人気があり、天界俗界両方の幸運を求めるのに大変影響力があります。丸い硬貨中央の四角い穴は天界と俗界の融合を象徴し、繁栄運を活発にすると信じられている「気」をもたらします。

3番目に重要なのは、恋愛および結婚の幸福のシンボルです。愛や結婚の幸福を象徴するシンボルは多数あり、それらは愛情運を高めるのに利用されます。

長寿の神、寿

はじめに | 風水におけるシンボルの力

オシドリは幸せな結婚を象徴します

> 幸運のシンボルの原点はたいてい、
> 何世紀にも渡って口承で伝えられた
> 伝説や神話にあります。
> こういったシンボルが
> 儀式や宗教行事に使用される
> ことはめったにありません。
> これらは家庭の良い風水を補足する
> シンボルとして利用されたり、
> 社会的意味で
> 好意や友情を表すためにも
> 用いられます。

シンボルの役目は家庭に幸運をもたらしたり、祝い事や楽しい場面で友人たちに好意を示したりすることです。ゆえに、シンボルは贈り物をする際に大きな役割を果たします。誕生日や記念日などの祝い事で友人や親戚に花を贈る西洋の伝統と似ています。つまり、中国人はその場合に応じた幸運を表す適切なシンボルを装飾として施した花瓶、絵皿、刺繍入りの財布を贈るのです。

たとえば、桃と鶴は常に誕生日にふさわしいものですが、それは桃と鶴が長寿の象徴であり、同時に健康を祈る気持ちを含んでいるからです。結婚祝いには2人の幸せのしるしであるペアのオシドリが最適でしょう。成人式を迎える娘への贈り物には牡丹が素晴らしいです。また、明るい将来を願う気持ちを意味する権威を表す翡翠の笏は卒業祝いに良いと言えます。このように、ほとんどすべての場合、事実上すべての祝い事にふさわしいシンボルがあります。

当然、こういった吉兆の贈り物は家族の死に哀悼を示したい場合には大変不適切です。そういった悲しい陰の場合には、シンボリズムはたいてい最小限に抑えられます。

今の時代もこういった慎重に考え抜かれた贈り物を受け取る場合、そこに伝えられている正確な好意を確認するために装飾のシンボルをよく調べ、勉強するべきです。一般に、絵画に添えられる書もそこに象徴される意味を知る手がかりとなります。

亀の上の鶴は長寿を象徴します

不死の果実、桃

はじめに | 風水におけるシンボルの力

> 明るい赤、朱色は
> 幸運を意味する色です。
> 赤いもので包まれた贈り物は
> 優れた陽のエネルギーをも
> 贈ることを意味します。
> 赤は結婚や出産、誕生祝いに
> 使用されるシンボルを飾るのに
> 用いられたり、
> 着衣に使用されます。

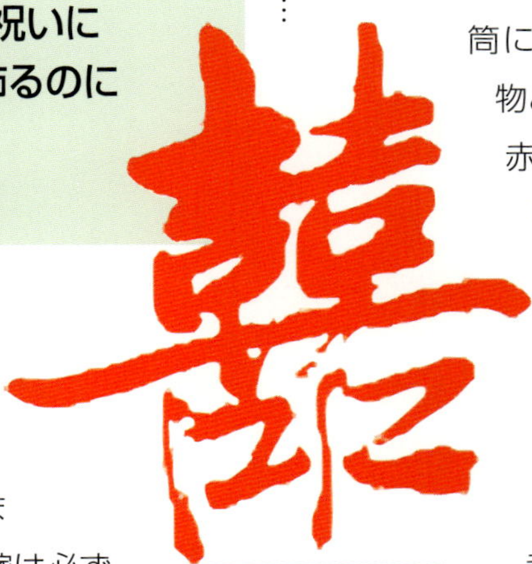

赤い色は特に吉兆であると考えられ、結婚や誕生の祝いはもちろん、太陰暦の正月にも広く使用されます。実際、伝統的な中国の花嫁は必ず赤い色で装います。結婚の祝典で着用する3つの主な衣装はすべて赤い色で、しかもあらゆる幸福を象徴する物で飾られていなければなりません。3つの衣装とは、主な式で着用する伝統的なチャイナドレス、結婚のディナーパーティーで着用するドレス、両親にお茶を出す献茶の儀式で着用する結婚の盛装です。飾られるシンボルは二重の幸福の意味を持つ双喜紋や、龍と鳳凰のシンボルでしょう。

また、赤は太陰暦の正月の間に非常によく見られる色でもあります。たとえば、良い年になるように、家の女性たちは赤い布で作られた新しいドレスを着ることになっています。女家長は吉兆のデザインを施した赤い封筒に現金を入れて贈り物として配ります。また、赤い提灯がともされ、新年の15日間、玄関先につるされます。出される果物や砂糖菓子は朱色の紙の台に置かれます。赤の使用は無意識に良い風水を実践しているわけですが、それは赤が人の住む家に幸運をもたらすのに不可欠だと言われる吉兆となる陽の気の象徴だからです。

幸運の色は赤だけではありません。黄や紫も吉兆の色です。黄は古くから皇帝と関連づけられる最高権力の色とみなされ、紫は多くの風水師から赤より吉兆であるとされるとても縁起のいい色です。

とはいえ、包装紙が赤や黄色や紫一色であることはめったにありません。明確なメッセージを伝えるために、包装紙や容器は必ず幸運の絵柄や吉兆のモチーフで覆われています。

二重の幸福の
シンボル（双喜紋）

龍と鳳凰

はじめに｜風水におけるシンボルの力

> 本書で紹介するシンボルは
> 風水との関連で選んでいます。
> また、この現代における
> シンボル利用の
> 実用性とその関連に
> 非常に重きを置いています。

中国には何千ものシンボルがあるに違いありませんが、本書では幸運を表すと考えられているシンボルだけを選んで紹介します。また、私の裁量で私の好きなシンボルだけを選んでいます。つまり、私が使用して一定の成功を収めたか、少なくとも裕福な成功している人々の家に飾られているのを見るかして、純粋に確信した上でお勧めするシンボルです。あるいは、私が信頼し尊敬する風水師が個人的に勧めてくれたシンボルです。

風水を実践する人には、本書を装飾的シンボルの意味を確かめる参考書として使用するようお勧めします。あなたの心に訴えるシンボルを選び、時間をかけて家に取り入れてください。

急いで本書で紹介されている提案どおりにする必要はありません。むしろゆっくり行うほうがいいでしょう。慎重に購入してください。意気込みから、単に欲しいモチーフやシンボルがついているという理由で、装飾品にお金を使いすぎないでください。たとえば、花柄の花瓶が欲しくても、形が気に入らなければ買わないでください！　また、伝統的な龍が家の現代的な装飾に合わないと感じたら、それは飾らないでください。幸運のシンボルを利用するにあたっ

ては、その空間は、必ず趣味の良い、デザインの良いものでなければなりません。

> 中国のシンボリズムは
> 易経の始まりと同じ頃まで
> さかのぼる伝説に基づいています。
> 風水同様、時を経て
> シンボリズムも形態、内容、解釈に
> 多くのバリエーションができました。
> 風水を補足するものとして
> こういったシンボルを
> うまく利用するには、
> 陰陽と五行の原理を
> 常に考慮に
> 入れなければなりません。

多くの象徴的意味は、私たちが言葉の響き、道教の神話、仏教の影響、儒教の教えに基づい

はじめに | 風水におけるシンボルの力

た言葉の遊びを好むところから来ています。これらが結びついて、意味が織りまざり凝縮され、様々なタイプの幸運を表す豊かなシンボリズムとなり、それが人々の間に広く根ざすようになったのです。微妙な意味の差は様々にあります。また同じ伝説でも地理的な位置関係が異なれば見解が異なることもしばしばです。

しかし、そういった地方による様々な違いを乗り越え、幸運の図像は幸福、富、長寿をもたらすものとして広く受け入れられています。たとえば、私たちにとって、龍は幸運の第1のシンボルであり、鳳凰は好機の前兆であり、牡丹は花の王様で、若者の愛と幸福を約束するものであると認めています。これらをはじめ、よく知られている人気のシンボルは氷山の一角にすぎません。吉兆のシンボルの数は膨大です。しかし、単にシンボルの意味を知るだけでは、部屋や家の風水を活気づけるのにあまり役には立ちません。

幸運のシンボルがそれぞれの偉大な意味を果たすためには、それに応じた正しい位置に置かなければなりません。それには、幸運のシンボルとみなされるようになった由来や根拠を理解する必要があります。また、それらの陰陽、属する五行の要素も理解する必要があります。シンボルに付随する幸運のレシピについては、簡単な手引書的アプローチはありません。

その理由は、シンボルは利用がシンプルで簡単であり、また、大変な風水の可能性を持つからです。シンボルの中にはどこに置こうと幸運をもたらすものもあります。一方、その要素や陰陽を慎重に分析して最も吉相である場所を決定する必要があるものもあります。目に見えない気の力のバランス、適合性、調和を考慮に入れなければなりません。また、その物体の大きさ、色、素材も問題です。

龍は第1の幸運のシンボルです

はじめに | 風水におけるシンボルの力

> 風水における天空の生物は風水実践でまず用いるべきシンボルとして強調されています。つまり、龍、虎、鳳凰、亀は家に幸運をもたらすために活気づける最初の生物となります。

天空の4生物については図表で簡単に言及しましたが、これは景観の風水を支配するシンボリズムでの考え方です。風水に関する古い伝統的書物の多くでは、家を取り巻く環境は、家の左右それぞれに龍と虎を置くことと詩的に描写されています。これら2つの生物が存在する所こそ良い風水であると信じられているのです。これら生物は丘、山、丘陵地を意味すると解釈されます。起伏のある土地が完全な平地より常に吉兆であるとみなされるのはこのためです。

しかしながら、平地や龍の存在しない場所に住む人々は、活気あるイメージの青龍をリビングの東壁に飾ることで青龍を刺激することができます。これが家庭内に龍の宇宙の気をうまく生み出すと信じられています。幸運をもたらすのに大きな龍の絵をかける必要はありません。小さな絵、たとえ絵葉書サイズでも、東壁に正しくかけられた龍の絵は龍の尊い呼吸を活気づけるでしょう。このように風水のシンボリズムの利用は龍のイメージから始めます。

虎については、必ずしも家の中に虎のイメージを置く必要はありませんが、家の外に置いた場合、居住者を守るエネルギーを帯びます。ただし、虎は鳳凰と亀をともに刺激するのに極めて有益です。鳳凰と亀は幸運を活気づける力をもつ重要な生物です。

鳳凰は南に置いてください。風水では、これはリビングの南、家それ自体の南、あるいはその土地全体の南を意味します。家の中に置いても庭に置いてもかまいません。

後にこの天空の生物に関する章で、鳳凰の代わりに利用できる羽根のある生物についてお話します。鳳凰を活性化すれば、様々な種類の幸運がもたらされます。中でも最も重要なのは、金運です。亀は北に置いてください。やはり、風水では、これはリビングの北、家の北、庭の北を意味します。方位磁石を使ってどこが家の北にあたるか見つけてください。

鳳凰は南に置いてください

はじめに | 風水におけるシンボルの力

干支の12種類の動物は
地上の動物を象徴します。
鼠で始まり猪で終わる
各動物はそれぞれ方位と
関係しています。
つまり、どこにそういった
動物のイメージを置くべきか
という手がかりが得られ、
動物たちの持つ
エネルギーや特性を
強めることができます。

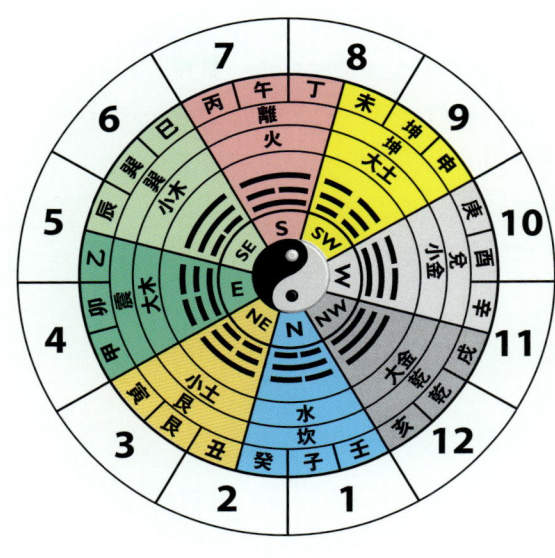

天空の4生物に加えて、やはり風水実践において目立っている一連の動物があります。これが干支の12の動物で、鼠、牛、虎、兎、龍、蛇、馬、羊、猿、犬、鶏、猪です。各動物はそれぞれ方位磁石の15度分を占める対応する方位があります。各方位は主な方位を細分化したうちの2区分を占めます。たとえば、上の図は12の動物と対応する方位をまとめたものです。方位を表すのに羅盤に図で示し、参照しやすいように大きく数字をつけています。

あなたの生まれた干支の動物を見つけてください。それから、下の表をチェックし、生まれ年の動物に対応する方位を家の中で確かめてください。それから、リビングのその方位に対応する場所にその動物のイメージを置いてください。たとえば、酉(とり)年生まれなら、対応する方位は10で、それに当たる方位は西ですから、西に陶磁器の鶏を置けば、あなたの四柱推命が活気づくでしょう。

#	動物	方位
1	鼠	北
2	牛	北・北東
3	虎	東・北東
4	兎	東
5	龍	東・南東
6	蛇	南・南東
7	馬	南
8	羊	南・南西
9	猿	西・南西
10	鳥	西
11	犬	西・北西
12	猪	北・北西

寅(とら)年生まれなら、リビングの東・北東の位置(図表の3の方向になります)に虎のイメージを置くと有益でしょう。これは四柱の方式に基づいた風水でシンボルを簡単に適用する方法です。あなたの風水を高めるために12種類の動物をもっと利用する方法については、10章を参考にしてください。

> 5つの要素とされる
> 五行のシンボルは
> その要素に対応する方向を
> 活気づけ、強め、大きくする
> シンボルです。
> また、各要素はそれぞれ異なる
> 幸運と結びつけられます。
> これは幸運のシンボルで
> 各コーナーの要素を強める
> 最もシンプルな方法です。

シンボルは五行の各要素との関連でグループ分けすることができます。これは、風水の原理を理解し説明するのにおそらく最も重要な五行(5つの要素)の理論に基づいています。五行は風水の矯正の際にも活性化の際にも基礎となる主要な原理であり、多くのシンボルを利用して悪い風水の特徴を矯正し、良い風水を活性化することができます。

五行によると、宇宙のあらゆる物は——羅盤の8方向さえも——5つの要素——木、火、水、金、土のいずれかに類別できるとされます。風水の法則によると、これら5要素には創造のサイクルと破壊のサイクルがあります。この2つの主要な風水原理を生活の場や職場に適用すれば、次の2つのことがよくわかるでしょう。

- 1つ、良い風水を生み出すには実に多くの創造的で個人に応じた方法があるとわかるでしょう。

- 2つ、風水はあなたが望めば簡単にもなるし、難しくもなると私が言い続けている理由が理解できるでしょう。

風水を効果的に行うのは決して難しくありませんが、根本的な基本原理に基づいて行わなければなりません。五行はその基本原理の1つです。

従って、風水にシンボルを利用するにあたって五行の理論を適用するには、以下の事を心にとめておいてください。

- まず、幸運をもたらす物が何であるかを学んでください。

- 次に、五行に従ってそういった物を正しく分類する訓練をしてください。

- 3つ目に、五行の創造サイクルおよび破壊サイクルの性質や規模を理解してください。

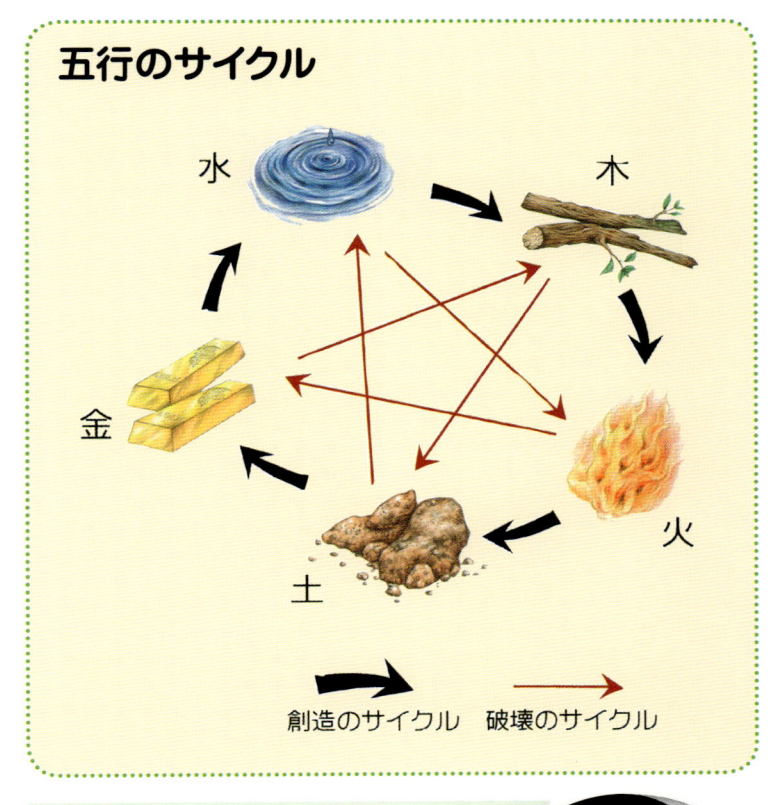

はじめに | 風水におけるシンボルの力

五行のサイクル

水 → 木 → 火 → 土 → 金 → 水

→ 創造のサイクル　→ 破壊のサイクル

風水は陰と陽という2つの根本的な力の正しいバランスを基礎としています。従って、シンボルの使用は常にこれを考慮に入れなければなりません。生きる者の家では、陽のエネルギーが陰のエネルギーよりも常に重要ですが、2つの力は共鳴して作用するため、強力な象徴的意味を持つ物がこのバランスを崩すようなことがあってはなりません。

ボルはこの2つの対立する根本的な力のバランスをよく表しています。

　陰と陽のエネルギーの本質はまったく正反対であり、ここに描かれているシンプルな絵にもそれを見ることができます。陰は黒、陽は白、陰は暗く、陽は明るい。この2つの力を表す性質はすべて同様に正反対になります。ただし、職場や家庭など、どんな空間であろうと、良い風水の気を生み出すためには、この2つの力、あるいはそれらに本来そなわっている気が存在しなければならないだけでなく、バランスも保たれなければなりません。

　これはそれぞれの気のエネルギーが等しい量でなければならないという意味ではありません。生きる者の住居、いわゆる陽の家には、生活に関連するエネルギーを維持するために陽のエネルギーがより多く存在するべきです。しかし、陰を完全に消滅させるほど多くの陽が存在するべきではありません。同様に、陰の住まい、すなわち死者の家、墓や埋葬地の風水では陽よりも陰が強くあるべきですが、やはり陽が完全に消滅するほどであってはなりません。つまり、原則として、陰陽のいずれかが過剰であってはならないということです。

確かな風水の正しい実践の基礎となるもう1つ重要な基本原理は、陰陽です。陰陽のシン

はじめに｜風水におけるシンボルの力

そこで、過剰かもしれないと思われる場合、アンバランスを正すためにシンボルを利用することができます。もう一度陰陽の図を見てください。陰の部分には陽が少し、陽の部分には陰が少しあるのがおわかりでしょう。

陰と陽のシンボルはその特性に従って分類できます。たとえば、太陽のシンボルは陽、水のシンボルは陰です。鋭い三角形の頂を持つ山は火で陽、起伏がある波のような山は水で陰です。風水にシンボルを利用するには、陽の物と陰の物をはっきり区別することが求められます。購入したり飾ったりする前にその物体が陰であるか陽であるかを見分ける直観力を養ってください。

八卦は、8つの側面を持つ風水分析の八角形のシンボルです。このページにある2つの八卦を見て、両者における3本線からなる図形(卦)の配置の違いに注目してください。この卦の配置の違いは、風水実践において、2つのタイプの八卦があるという事実を示しています。これは陽の八卦と陰の八卦です。この2つのタイプの八卦では卦の配置が異なります。卦は易経の根本的シンボルですから、風水でも基本的シンボルとみなされます。

八卦の各面にはそれぞれそこに当てはまる卦によって風水的意味があります。なぜ八卦には配置の異なる2つのタイプがあるか、必ずしも学術的な話を知る必要はありませんが、この性質の違いを理解し、目的のためにどちらの八卦を用いるべきかを知っておく必要があります。

先天定位に示されている陰の八卦は主として、陰の住みか、たとえば墓地などの風水分析や、フライングスターの時空間風水の公式を当てはめるのに用いられます。また、この八卦は毒矢に対抗する防衛手段としても利用されます。卦の正確な配置に注意してください。乾(3本の実線)が南に、坤(3本の破線)が北に位置します。つまり、南は究極の陽、すなわち天、北は究極の陰、すなわち地になります。

**デザインモチーフや図案は、
火、木、水、土、金の
5つの要素に応じた形に従って
選ぶことができます。
各要素には特徴的な形があり、
それをインテリアに
風水の微調整として
用いることができます。**

はじめに｜風水におけるシンボルの力

右に示されている陽の八卦は陽の住みか、たとえば人の家の風水分析にもっぱら使用されます。8つの卦の配置が変わっていることに注意してください。ここでは、究極の陽のエネルギーを象徴する乾の卦を表す3本の実線が北西に、究極の陰、女家長のエネルギーを象徴する坤の卦を表す3本の破線が南西に移っています。その他の卦とそれぞれの位置を慎重に見てください。また、8つの方位それぞれの要素および特性にも注意してください。後に、推奨されていることの多くが各方位の要素との関連に基づいているとわかるでしょう。

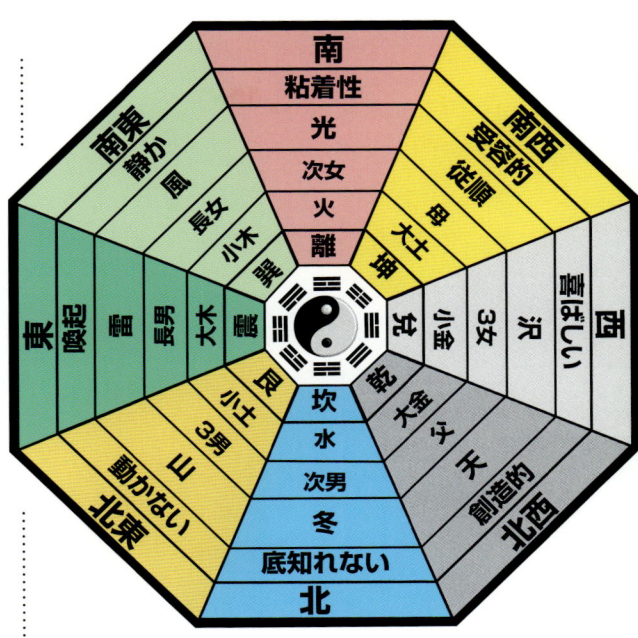

> 各要素と特性を
> 羅盤の方位に合わせることで、
> 風水にシンボルを
> 利用する基礎が出来上がります。
> あらゆるシンボルには、
> その素材や存在する
> 位置から発生する
> 気のエネルギーがあります。
> これを理解することは、
> シンボルを飾って利用する上で
> 最大限の利益を得るのに役立ちます。

ここに描かれている八卦のシンボルには、それぞれの領域に当てはまる象徴的な意味が記されています。これはどれだけ多くの伝統的な幸運のシンボルが家の装飾を高めるために作られるかを知る手がかりとなるでしょう。たとえば、家の東の方角を活気づけたいなら、それは、長男、大木、陽のエネルギー、雷、喚起と関連するあらゆる感情を象徴する震の卦の位置となります。従って、木でできた物が適切でしょう。また、この要素に関連する色もすべて適切です。たとえば、緑や茶は家のこの部分を高めるでしょう。他に、木の要素に関連する形は長方形ですから、この方角には長方形の物が良いでしょう。天空の生物としては、東は龍の位置に当たります。この方角の男性的な陽のエネルギーは強力です。過剰な場合は、木の要素と協調する要素である水で過剰な陽を鎮めてください。もし東の方角がなければ、この位置に関連するあらゆる特性がなくなることになります。

風水にシンボルを利用する場合、各領域の要素に特に注意を払い、各方向の特性を理解して行うようにしてください。その領域の要素が適切に活気づけられていることを確認することが風水では重要になります。

はじめに｜風水におけるシンボルの力

　従って、吉兆のシンボルを置くときは、その方向の要素と協調するイメージを使用するようにしてください。これには、五行の破壊サイクルおよび創造サイクルの知識が必要になります。方角の要素と衝突する要素を含むシンボルは置かないでください。

> 五行の要素を表す
> 図案やモチーフは、
> 正しく用いれば
> その要素のエネルギーを
> 強めることができます。
> 要素に図案やデザインを
> 合わせるのは、
> 住居や職場の各方角の
> 明確なエネルギーを拡大する
> 最も簡単で最も有効な方法です。
> 方角は要素に従って確認します。

　このページで紹介するのは壁紙やカーテン、タイルのデザインによく用いられる図柄4種です。デザインのモチーフと要素の関連を理解することによって、それを室内装飾に取り入れることが可能になります。この例は、風水による分析を行う基礎となるでしょう。では、見ていきましょう。

水のモチーフ

　この水のモチーフは一般的なものです。海の波のように見え、泡は陽の水、たとえば、生命を持つ水であることを示唆します。このデザインは水による恩恵のある方角ならどこに持ってきてもよいでしょう。つまり北、南東、東という意味です。このモチーフは黒や青が素晴らしく、レストランやワインバー、パブなどに理想的です。

正方形の迷路

　ここに示されている正方形の迷路のデザインは、正方形のシンボルが地を表すため、土の要素を示唆します。南西および北東にあたる、家庭の土の方角に置くのが理想的です。家の中心に位置する部屋に置いても素晴らしいでしょう。正方形のモチーフは不動産などの資産を扱う会社やビジネスにも向いています。

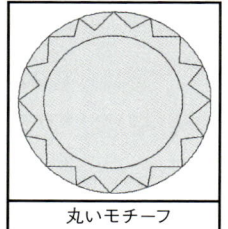
丸いモチーフ

　この丸いモチーフは家庭の金の方角に適しています。家の西あるいは北西部分にあたる方角です。この図案は貴石を象徴するものでもあり、貴石は母なる大地から採掘されるという点で金属と似通っていることから、やはり吉兆の意味を持ちます。ゆえに、このシンボルは金の方角で吉兆とみなされます。

山脈

　ここに示されている山脈は家の維持を暗示します。家の後半部に置けば、保護の気を生み出します。ですが、同時に大地をも示唆するため、こういった物を家の南西の方角に置いた場合、家族および兄弟関係全体を向上させるのはもちろん、母に有益な気を生み出すでしょう。

1章
富と成功のシンボル

あらゆるビジネスチャンスを高め、富の気を引きつけるよう、幸運のコインやインゴット(金銀塊)を惜しみなく利用してください。荷を積んだ商船を真似て、家に富をもたらしましょう。富の花瓶、皿、財布も作ってみましょう。

繁栄の陽を活気づけるために3本足のカエル、コウモリ、アロワナ(龍魚)を置いてください。金魚の楽園を作ってください。また、素晴らしい最高のシンボルである強力な天の龍、その仲間である鳳凰やその他の幸運の生物——麒麟(龍馬)や龍亀を利用し、クリスタルの虹の下に貴重なパールや金の壺と一緒に華やかに飾ってください。尊い馬やその他私たちの神話の世界で吉兆を表す生物であるピヤオやゴールドを出すマングースなど、比較的知られていない幸運のシンボルが持つ富の意味についても学びましょう。願いの叶える宝石の木や願いを叶える牛の飾り方も知りましょう。こういった繁栄のシンボルを風水の方位に従って配置し、家に富のエネルギーをもたらしてください。

信頼できる幸運のコイン

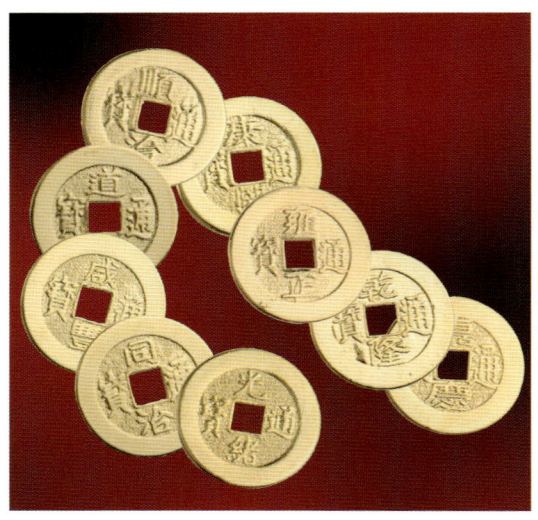

これら中国のコインは天と地の強力な結合を象徴します。"中は四角く、外は丸く"描かれるこの丸いコインは一般に銅でできており、紀元前11世紀の西周の時代から硬貨として使われています。中央の正方形は地のエネルギー、丸い形は天の気を象徴しています。それらが結びついて、富運にパワーを与えます。赤や金色の糸で活気づければ、陽のエネルギーが貴重な生命を吹き込み、コインは富と繁栄の強力な象徴に変わります。当然、裕福な人の家のコインには富のエネルギーが豊富に含まれます。また、1つの王朝を9人の皇帝が治めたことを象徴する九皇帝コインは、9代に渡って富が続くことを意味します。

様々な中国王朝の本物の古銭を求めて"宝探し"に時間を費やす熱心な人もいるかもしれません。コインに刻まれている漢字はたいてい時代の名前です。九皇帝時代のコインを集めているなら、それらを赤い糸でつなぎ、職場の席の後ろの壁にかけてください。これは九皇帝による財政的支えがあることを意味し、最も縁起が良いと信じられています。コインは同じ王朝でも繁栄を象徴する時代から選ぶのが理想的でしょう。たとえば、清王朝なら、終末期の時代よりも乾隆皇帝時代や康熙皇帝時代のコインのほうが良いということです。漢時代(BC206-AD25)の五銖コインは繁栄のために最も縁起のよい装飾物の1つとみなされています。五銖コインは金、銀、胴、翡翠で再現されており、長い間、チェーンや紐を通して首周りにつけられてきましたが、本物の五銖コインは大変まれです。下には、この五銖コインと他の王朝の幸運のコインを紹介しています。

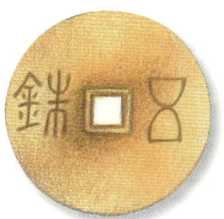

五銖コイン

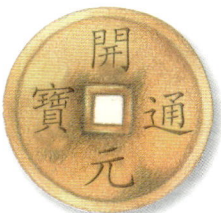

唐王朝のコイン

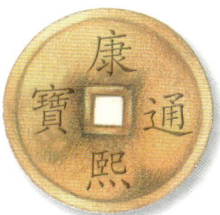

康熙のコイン

陰陽の面

1章 | 富と成功のシンボル

中国の学者によると、古いコインの中には富運を引き寄せる力が特に強力だと信じられていたものがあり、家族はそういったコインを幸運のお守りとして息子の首にかけさせたものでした。たとえば、前ページで紹介した裏に陰陽の図柄の入った康熙時代の地方のコインは赤い糸を通すか金のチェーンで首周りにかければ、魔除けの力があると信じられています。乾隆時代のコインも大変尊ばれています。

また、中国の地方都市には町の門に富の神が宿ると言われる所があり、そこでは風水の目的のために、これら富の神の首に赤い糸でつないだ9つのコインがかけられていました。

現代でこの幸運のコインを利用するなら、金とダイヤモンドでできたコインと同等の物が代用品としてふさわしいでしょう。金やダイヤモンドといった正真正銘貴重な素材を使用することで、コインに究極の気のエネルギーがもたらされるでしょう。ここに紹介しているペンダントや指輪の他に、この古いシンボルをダイヤモンドやゴールドでコピーしたものをイヤリングやカフスボタン、ネクタイピンにして身につけることもできます。身につけるコインの理想的な数は9つですから、それぞれ3つずつコインのついた指輪とイヤリング(図参照)なら理想的でしょう。ネックレスとイヤリングでもかまいません。

厄除けのお守りとして身につけるコイン

繁栄をもたらす目的に加えて、こういった幸運のコインは厄除けのお守りとしても利用されました。たとえば、乾隆皇帝時代の9つのコイン(本物の古銭でも金や翡翠のイミテーションでもかまいません)を赤い糸でつなぎ、7、14、あるいは21日間富の神の首にかけます。

こうすることで象徴的にコインに神の気を与え、徳を得ます。それから、コインは、人生における30の危険な障害を無事乗り越えるために子供の首にかけられます。首にかけるコインの数は子供の年齢と同数です(年齢の数え方は実年齢に1年加えてください)。子供が15歳になるまで、毎年、太陰暦の正月に新しいコインを1つ加えます。15歳になると、象徴的に子供は人生の道筋にあるすべての障害をうまく乗り越えたと考えられます。

この障害とは、四季と四柱、牛魔王という悪魔、井戸に落ちる金鶏という打ち勝ちがたい困難、秘密の部分の障害のことです。

それから、100日の障害、壊れた橋、敏捷な足、五霊、金の錠、鉄の蛇、水浴びの桶、白い虎、仏僧という名の障害があります。

1章 | 富と成功のシンボル

　さらに、天の犬による障害、天の哀れみを祈る障害、鍵や錠に関連する障害、内臓が裂かれたり、頭が割れたりする障害があります。これは1000日の障害を生み、夜泣き、煮えたぎる汁、子供の埋葬、短命、また深い流水と火や水によって引き起こされるという将軍の短剣、障害になります。

　時とともに、こういったコインやお守りの使用は迷信としてとらえられるようになりました。また、首にかけられていたコインは、剣に似せた形につなげられ、飾り結びや飾り房を添えられるようになりました。殺気をかわすために利用されるコインは「辟邪剣」（コインの剣）として知られています。

　このナイフの形につなげたコイン（その起源は1世紀にさかのぼります）は、家族の富が失われる恐れのある風水的悪影響のある場所の優れた解毒剤になると信じられています。家の問題のある場所に置いてください。

風水を高めるコイン
店のドアには赤い糸でつないだ2枚のコインをかけてください

　これはその会社に富を引き寄せるでしょう。このシンボルの潜在力は富の神と同等であると言われます。コインは玄関ドアの上に直接飾りましょう。太陰暦の元旦に毎年取り替えてください。この目的のためには、清王朝乾隆時代の本物のコインが並外れて有力だと言われています。

> ビジネスをさらに
> 成功させるためには
> 重要なファイルや請求書ファイルに
> 3枚のコインを赤い糸で
> 結んだものを留めてください。

　本物の中国の古銭を見つけるのは難しいかもしれませんが、中国や台湾の小さな企業が実によくできた清王朝のコインの複製品を作っています。中には本物の金貨のように見えるものもあります。もし安価なものを見つけたら、私のように200枚買ってください。たいてい3枚で約1ドルです。

　こういったコインは高価ではありませんが、見つけるのが大変で、そのために値が高くなっています。ですが、この3年間で価格が下がりました。こういったコインは非常に重宝ですので、たくさん購入することをお勧めします。

　コインはすべての重要なファイルに留めてください。また金庫の上、セイフティボックスの中、注文ファイルの表紙、札入れや財布の中にも留めてください。

　どこであろうと、赤や金の糸で活気づけられた3枚のコインが実際に存在することで富運を引きつけると言われています。私はドアノブ、ファックス、パソコンに付けています。これは、ファックスやEメールで私にたくさんの素晴らしい機会をもたらしてくれます。

　家にも赤や金の糸で結んだコインをたくさん

1章 | 富と成功のシンボル

置いています。必要としている人にあげられるように常にストックしているのです。これは最もシンプルで最も有効な風水術であり、大変多くの人々の役に立っています!

コインは必ずしも本物の古銭である必要はありません。コインのパワーはその古さではなく、形と意味にあります。

ファイルやファックスなどにコインを留めるときは、ここに示されているように陽の面を上にしなければならないと覚えておいてください。陽の面とは常に漢字4字が描かれた面です。図柄が2つの面は陰の面です。

結婚による富を高めるコイン

中国の王朝古銭録には、"寝室に投げ入れるコイン"として知られるお守りの形をした特定のコインがあり、これによって夫婦は大きな富だけでなく大勢の優れた子供にも恵まれると記されています。

話によると、風水師からそうするように勧められた唐王朝のある皇帝は金と銀でできたコインを愛する娘の結婚の床に投げ入れました。この金のコインには様々な吉兆の語句が刻まれていたそうです。

このように、若い新婚夫婦の運を強めるために、こういった王朝の記録の例にならうのもいいでしょう。昔、皇帝たちは全国でも最高の風水学者たちと接触しました。たとえば、漢時代の武帝とその配偶者はとても迷信深く、王の寝台に休むたびに、金や銀のコインを投げ入れさせるよう手配したと記録されています。

これは、コインによって王朝に豊かな子孫運がもたらされ、多くの息子に恵まれるという信仰に基づくものです。

このように、コインは富を引き寄せるだけでなく、殺気をかわしたり、名門の家名存続を確かにするためにも利用されたのでした。

母親たちに好まれる最も一般的な幸運のシンボルは、中央に四角い穴のある円形の翡翠のペンダントです。これは幸運や護身のために首まわりにつけられます。コインの形のすべすべしたなめらかな翡翠は極めて吉兆であると信じられています。このバリエーションとして赤い糸でつないだ10個の翡翠コインがあります。これは十皇帝コインに似ています。

右に紹介しているのは十皇帝コイン、左に紹介しているのは八翡翠玉です。両方とも、異なる風水師がポジティブな気の流れを促進するために用いている幸運のシンボルです。十皇帝コインは職場の椅子の後ろにかけてください。(私は十コインより九コインのほうが好きです)。8つの翡翠玉は子孫運を高めるために寝室にかけてください。

他の幸運のシンボルを組み合わせることで高まる運

　幸運のコインは、ほとんどすべての幸運を表す動物のシンボルと組み合わせることができます。コウモリと組み合わせれば、"今幸運を"という意味になります。カササギと組み合わせれば、"目の前に幸運が現れますように"という意味になり、牛、麒麟、羊、マングース、亀、あるいは龍と組み合わせれば、富と成功という暗示的意味は1000倍に跳ね上がります。動物は敷きつめたコインの上に座っていても立っていてもかまいません。それ自体が、繁栄していて豊かなことを象徴します。

商船に積まれた金のインゴット

　ビジネス成功の最も一般的な富の蓄積を導くシンボルは商船で、世紀末にアジアで活躍した貿易商に好まれました。多くは船荷を積んだ帆船を用い、ビジネスのロゴをつけ、大成功を収めました。

　ビジネスに高い収益と成功を引き寄せるために、金のインゴットを高く積み上げ、象徴的な富の船を作ってもいいでしょう。金のインゴットは本物である必要はありません。イミテーションの金のインゴットをたくさん入手し、貿易商の帆船を探しましょう。船が大砲を積んでいないことを確認してください。大砲を積んだ船は帆船ではなく軍艦であり、大砲を撃つことによって幸運よりも害をもたらします。船は木、翡翠、あるいは金属製、金メッキか、余裕があれば、金でできたものがよいでしょう。模型の船をインゴットかダイヤモンドのように見えるクリスタルでいっぱいにしてください。積荷はデッキまで溢れさせましょう。

　次に、模型の船はオフィスの中、できればロビーエリアに置くのが好ましいです。船は正しく置いてください。出港しているのではなく、入港しているように見えなければなりません。帆を見てそれを確認してください。もし船が外に出て行くように見えたら、財産を失うことになります。風が強く吹き、船を港に押し入れるように見せてください。また、真にいい意味を持たせるに、船には必ず金や宝石を積み、決して空にしてはいけません。

　船を置く場所は必ず港です！ オフィスを港になぞらえてください。また、家にも船を置く場合、低いテーブルの上が好ましいです。もっと多くを望むなら、2つ以上の船を置き、あなたの家を本物の"港"にするのもいいでしょう。各船が収入を象徴します！ 多くの船があるということは多くの収入源があるという意味になります！

　また、最も吉相である方角から船が入ってく

ゴールドを積んだ帆船

1章 | 富と成功のシンボル

る形になる位置に船を置くのもいいでしょう。これはクアナンバーに基づいてチェックすることができます。(これは私の著書、『風水で成功する168のキーポイント』、『風水大百科事典』を参照してください。)

富の花瓶を作りましょう

　花瓶は、"家庭の永続的な平和と調和"を象徴するため、家中に置ける特別な吉兆のシンボルです。これは瓶の発音が平和を表す語と同じだからです。花瓶は仏陀の足跡にも描かれている吉兆を表す仏教の8紋様の1つでもあります。

　富の花瓶を作るには、磁器、クリスタル、陶器、余裕があればブロンズ、銀、金のような金属製品を選ぶのがいいでしょう。ここに紹介している瓶は富の花瓶を作るのに向いています。つまり、口はかなり広め、首は細く、底は広くなっています。これは多くの富が流れ込み、いったん細い口から入り込めば、広い底に落ち着くということを象徴し、すなわち、富が長い間その家にとどまることを意味します。好みによって、もっと細い首の花瓶を買い求めてもいいでしょう。

　その花瓶が龍やアカコウモリなど、吉兆を示す富のシンボルで飾られていれば、いっそう素晴らしいです。四季の花を描いた花瓶は家族が四季を通して(つまり、1年中)富と調和に恵まれることを表します。龍や鳳凰で飾ら

富の花瓶

れた瓶は家族全体に利益をもたらします。

　富の花瓶、次の物でいっぱいに満たし、見えない所に隠してください。

- 7種の貴石。クリスタル、サンゴ、その他ラピスラズリ、パール、ジャスパー、紅玉髄、クウォーツ、虎目石、アクアマリン、トパーズ、アメジスト、シトリン、マラカイトといった貴石から選んでください。

- 裕福な人の家の土を少量。これはうまく行ってください。盗んではいけません。頼んでみてください。もらった土は大いに幸運をもたらします。

- 本物のお金、できれば100ドル札で満たした赤い包み。

- 赤い糸でつないだ中国のコイン、3枚、6枚、あるいは9枚(選んでください)。

- 常に食べ物がたくさんあることを意味する5種類の"滋養分の多い実"。これは子孫運に恵まれることも約束するとも言われます。雑穀、デーツ、小麦、大麦、モロコシ、小豆、インゲン、大豆などを小さなビニール袋に入れましょう。(これも選んでください)

3本足の蛙の伝説

3本足の蛙はおそらく、財を成すのに最も吉兆となるシンボルでしょう。こう信じられるようになったのには2つの神話が関連しています。実際、中国の神話集によると、3本足の蛙は月にのみ存在し、月食は蛙が月を食べることで起こると言われていました。結果として、成就できないことを意味すると言われることもあります。この神話が発展したものに、八仙人の1人の妻が西の国の女王（西王母）から不老不死の薬を盗んだという話があります。彼女が月に昇り、蛙に姿を変えられたというのです！しかし、不老不死の薬を飲んだ彼女は不死の命を得ていたため、蛙に変えられる途中で慈悲を請いました。哀れみ深い神々は気持ちをやわらげ、その結果、上半身だけが醜い姿に変えられました。そして、後はオタマジャクシになったのです。こうして、彼女は3本足の蛙となったのでした。

同種の伝説に、3本足の蛙は、10世紀に存在した国の大臣で八仙人の1人でもある劉海に金のコインを食べさせられたという話があります。劉海は老荘哲学の大家であるとされ、富と繁栄を引き寄せる蛙の力を知っていました。

劉海はこの神話の蛙をさんざん探し、ついに井戸の奥深くに隠れているのを見つけます。その蛙がコインを好むと知っていた彼は、それを餌に蛙を井戸から引き上げたそうです。彼が餌として使ったのは、赤い紐で結んだ金のコインでした。この話は長い赤い紐で結んだコインを餌に3本足の蛙をおびき寄せようとする子供の絵として描かれ、この蛙は"富が訪れる"ことを意味する象徴となったのです。

このように、吉兆を表す富のシンボルとしての3本足の蛙の伝説は、蛙の上に片足をのせ、手に金のコインを5枚通した赤い糸を持つ劉海の人気のある絵に源を発しています。このイメージは大きな幸運を引き寄せるのに大変吉兆で、有効であると言われました。以来、口にコインをくわえた3本足の蛙は富と繁栄を引き寄せるシンボルとなったのです。

時を経て伝説は発展し、今日では、装飾的になった3本足の蛙はコインやインゴットの上に座り、常に口にコインをくわえています。そして、仙人である劉海が不思議にもイメージから消えてしまったのです！

風水における3本足の蛙

中国人は蛙の種類をあまり明確に区別しません。また、蛙の卵は露のように天から落ちてくるもので、蛙が吐く泡のような白い液は前頭部、喉、心臓の病気によく効く薬として利用できると信じています。これら身体上部のチャク

ラの中心に関連する疾患は治りにくいと思われていますが、蛙の泡を乾燥させたものは良薬になると言われています。これは漢方の店で買うことができます。これはタバコをたくさん吸う人にもとてもいい薬になります。

蛙はどこに置くべきでしょうか？

蛙が最も利益をもたらす最高の場所、位置、方向についての次のアドバイスは矛盾しているように聞こえるかもしれません。私は3本足の蛙を玄関ドア付近に置いています。かなり低い位置ですが、地面ではありません。コーヒーテーブルくらいの高さが適切でしょう。

蛙を玄関ドアのすぐ前に置くのはお勧めしません。最も良い位置はドアの対角線上の場所でしょう。それから、蛙は富の気を出迎えるのを待つようにドアを見ているべきです。蛙は、昼間はドアのほうを向き、夜間は内側を向くべきだと言う人もいます。ですが、そうする必要は見当たりません。

また、3本足の蛙は家やオフィスに好きなだけ置いてかまいません。私はリビングやダイニングに置き、庭では、魚のいる小さな池や滝の近くの岩間に隠すように置いています。しかし、家の蛙の総数が9を超えることはありません。私のように家中に蛙を置きたいなら、飾り方は慎重に行い、家のパブリックエリアに置いてください。言い換えれば、寝室やキッチンには置かないでください。

水中を泳ぐ魚は2つの最も強力な豊かさを表すシンボルを結びつけたものです

魚はその漢字（右を参照）の発音が豊かさを意味する言葉と同じことから、最も人気のある富の象徴となっています。大陰暦の正月の間は、さらに豊かになることを願って魚に雙の文字が加えられます。そして、生きた魚を贈り合い、友人や親戚同士の大切な親睦を深めるのです。

幸運のシンボルである魚を水槽で飼うのなら、幸運の魚でも人気の高いものを飼うのが一番でしょう。鯉、金魚、アロワナがそれに当たりますが、特に、明るい色や赤い魚が幸運を表すと考えられています。

アロワナの水槽、鯉の池、金魚鉢の設置を考えているなら、そういったウォーターフィーチャーを最大限に利用するのに役立つ実用的な助言がいくつかあります。

● ウォーターフィーチャーは、家、マンション、あるいは庭の南東、東、あるいは北に置いてください。その場所がたまたま寝室に当たる場合は置かないでください。寝室の水は喪失の原因となるため、お勧めできません。

● 常に酸素を十分送り込んだ清潔な水を入れてください。それがあなたの求める陽のエ

1章 | 富と成功のシンボル

ネルギーをもたらし、貴重な富を招くからです。また、魚は健康に保ちましょう。

- もし明らかな理由もなく魚が死んだ場合、残りの魚には適切な薬を与え、新しい魚と取り替えてください。魚の死を悩んではいけませんが、かつては生き物だった死に逝く魂のために静かに祈ってください。死んだ魚はあなたが特定の災難にあうのを避けるのを助けたと信じられています。

- 水槽は大きすぎたり小さすぎたりしないようにしてください。バランスが重要です。小さすぎる場合、あまり効果がないかもしれませんし、大きすぎる場合、過剰な水が問題を引き起こすかもしれません。水が多すぎると溺れることになります。

- 魚の数に関しては、9の倍数がいいでしょう。しかし、アロワナを飼う場合、北方向に1匹が最も効果的です。もっと多く飼いたい場合、5匹が数としてはいいでしょう。また、アロワナは富を招く良い風水のためになるだけでなく、護身の象徴にもなります。

- 魚の種類を混ぜないようにしてください。たとえば、アロワナは他の魚を食べてしまいます。金魚は鯉に美しい尾を破壊されます。また、鯉とアロワナは断じて共存できません。

アロワナ、別名龍魚

優れた富の風水にアロワナ、すなわち龍魚を

　近年、富運を活気づける強力な風水に役立つとして、熱帯地方のアロワナすなわち龍魚の人気が高まっています。アロワナは特別に美しい魚で、種類も多数あります。アロワナの形と色は原産地によって異なり、良い風水の含蓄があると尊ばれるのはピンク、金、あるいは銀の色合いのものだけです。もし銀色の光沢のある鱗を持たなければ、真の龍魚とはほとんど関係ないとみなされます。アロワナを飼いたい人は気をつけるべきでしょう。また、この魚は一般に魚やエビや虫を食べて生きるため、買うにも維持するにも高くつきます。

　私は80年代後半、当時とても必要としていた繁栄運を招くために5匹のアロワナを飼いましたが、魚が幸運をもたらしてくれた後は、会社生活を引退することになり、香港のスタンレーの池に放しました。ですが、以来、私はアロワナに生きた金魚を餌として与えていたことをとても後悔しています。今度飼うとしたら、アロワナには観賞魚用の乾燥飼料（エサ）

を食べる訓練をさせるつもりです。ただし、アロワナは食べ物にとてもうるさいので、これはそう簡単にはいかないでしょう。

しかし、生き物を餌にするのはカルマのためによくないので、ぜひ努力されるようお勧めします。私は現在、代わりに金魚を飼っています。他の代替手段としては、金や濃い栗色のアロワナの置物を飾る方法があります。リビングの富の方角(南東の方角)か玄関ドアと対角になる場所にアロワナを飾ってください。

優れた富の風水のために金魚は常に好まれます

金魚を表す2つの漢字は金や豊かさを表す語と発音が同じです。金はゴールドで、魚は豊かということになり、両方とも豊かさを意味します。つまり、金魚は豊富なゴールドを意味するわけです。この理由から、常に金魚を飼うことが好まれます。

富の風水を高めるために金魚を利用するには、太った裕福そうに見える赤や金色のものを求めてください。たとえば、特に進化した明るい赤色の日本の琉金は選択肢として素晴らしいでしょう。白っぽい銀色の鱗と明るい赤色の頭を持つ中国種の丹頂も優れています。こういった陽の色の金魚8匹と黒い金魚1匹を一緒に飼ってください。黒い金魚は元気よく泳ぐ混じりけのない真っ黒なものを選んでください。陽の色の金魚8匹と陰の色の金魚1匹のこの組み合わせは繁栄だけでなく、損失やだまされたりする被害からも守ってくれるでしょう。総数9という数字は天と地の充足を象徴しています。

金魚は水槽に入れるか、上から魚をのぞき込める金魚鉢で飼えば、さらに良いでしょう。また、酸素を送り込む装置を水の中に入れておけば、泡が陽のエネルギーを常に活気づけてくれます。水を常に清潔に保てるよう、フィルターをつけるのも良いアイデアです。

最大限の幸運を呼ぶために、こういった吉兆を表す水は庭や家の北に置いてください。あるいは、東や南東でもいいでしょう。金魚鉢は家の南に置かないでください。金魚もそこでは有害無益です。金魚を9匹以上飼いたい場合は、9の倍数にするべきでしょう。

吉兆を表す色の魚はほとんど全種が良い風水に役立ちます

魚は常に富と豊かさの象徴ですが、それは"魚"という語の発音のためだけでなく、魚が常にたくさん子供を産むことにもあります。その畏敬の念を感じさせる生殖力のために、

1章 | 富と成功のシンボル

魚は多産の象徴ともなっています。また、自分のいる環境で楽しげに泳ぐことから、夫婦の幸福と調和の象徴にもなっています。昔、魚は新婦の親に贈られる婚約の贈り物の品目にたいてい含まれていました。これは、吉兆の意味からでしたが、それに加えて、結合の喜び、特に性的性質の喜びを象徴するとして注目されていました。また、仏陀の足跡上の吉兆のしるしに含まれていることから、魚のシンボルは悪運に対抗するお守りになるとも信じられていました。ここに描かれている2匹の魚のシンボルは、仏教の八宝の1つとみなされ、幸運を願って一般にドアのカーテンや枕カバーに刺繍されます。2匹の魚のシンボルは良い生気を高めると同時に、強力な防衛のエネルギーを持つと言われるお守りで、幸運を引き寄せるために身につけます。タイでは、この2匹の魚の象徴は首につけるようにと子供に与えられることもしばしばです。一般にゴールドで作られ、ルビーやサファイア、エメラルドといった宝石がはめ込まれていることもあります。現代では、この2匹の魚のシンボルが若い女性に夫を取られるのを防いでくれると信じる迷信深い裕福な女性たちが、ダイヤモンドやゴールドをあしらった2匹の魚のシンボルをデザインした宝石を身につけています。

鯉も幸運のシンボルで、勇ましい性質を暗示します。伝説では、鯉は勇敢にも龍門にたどり着こうと流れに逆らって泳ぎ、ついに龍になったとして知られています。ゆえに、鯉は積極的意味での忍耐のシンボルになります。

黄河の鯉が太陰暦の正月から数えて3回目の満月の日に川を昇り、龍門の急流を通り抜けようと試み、ついには龍になったという話が、伝説になったようです。この伝説から、鯉は学問や教育における成功のシンボルになっています。

従って、息子や娘が試験で優秀な成績を収めたり、オールAを取ったりすることを望むなら、家の池でたくさん鯉を飼ってください。鯉が期待を裏切ることはめったにありません！

龍と鳳凰は最高に素晴らしい成功と繁栄のシンボルです

龍と鳳凰は中国の宇宙論や神話世界における究極の陽と陰のシンボルです。龍は男性の精力と生殖力のシンボルです。鳳凰は、龍と一緒に置けば、陰の輝きと女性美のシンボルになります。しかし、単独の場合、鳳凰は陽の性質と男性の本質的性質を帯び、他の特性を象徴することになります。一緒に置けば、龍と鳳凰は皇帝と皇后を象徴します。

1章 | 富と成功のシンボル

陰の鳳凰と陽の龍

宇宙の気を蓄積するために、東に龍を置いてください

　龍は風水のシンボルの世界でも最も影響力のある幸運のシンボルだと言われています。世界の方位を示す4生物の1つとして、また、風水の主要なシンボルとして、龍は新しい始まりを表します。龍は、太陽が昇り春の雨の発生する場所である東の権威ある担い手なのです。龍は大地に水をもたらす雨の強力なシンボルです。それゆえ、龍は良い水を意味すると言われ、それが転じて富を象徴することになります。また、龍は絶え間ない成功、偉大なる達成と繁栄のシンボルでもあります。このため、人気の点でこれを上回るシンボルは他にありません。その結果、華僑の企業はしばしば会社のロゴに龍を組み込み、長く続く大きな成功を収めています。

　様々なビジネスが、貴重な宇宙の気を生み出そうと龍のシンボルを利用することで利益を得ています。この気は、良い風水を楽しむ家に幸運をもたらす気と同じ気です。つまり、家に龍を飾ることで龍の運が活気づけられます。

　どんな家でも龍と鳳凰が一緒に存在すると、それは常に、多くの男子に恵まれるだけでなく数多くの成功と繁栄にも恵まれる実りある結婚を象徴します。龍と鳳凰が結婚の儀式、特に献茶の儀式のシンボルとしてこれほど人気の高い根本的な理由はここにあります。

　結婚祝いの催しでこれら2つの象徴的生物が組み合わせられると、それは多くの財産と子孫運に恵まれる結婚であることを示唆します。つまり、家長を象徴する龍と女家長を象徴する鳳凰による名家の始まりを意味します。龍と鳳凰の絵を北西の壁にかければ、家長の運が良くなります。南西の壁にかければ、女家長の運が良くなります。東の壁にかければ、家族の健康が向上します。南の壁にかければ、家族が様々な機会に恵まれ、認められることになります。

どこに龍を置くべきでしょうか

　龍のイメージは家のリビングに置いてください。部屋の南西および北東にあたる場所には陶磁器、磁器、クリスタルの龍を置き、東および南東には木の彫刻の龍を置いてください。風水では、龍はどこに置いても利益をもたらします。ですが、確実にその場の五行の要素とうまく調和するよう、位置には注意してください。また、龍は家のエネルギーを圧倒するほど大きすぎないようにしてください。一般に、大きすぎるよりは小さすぎるほうがましでしょう。龍の最も良いレプリカは、緑にペイントされたものか、緑色の貴石でできたものです。

　良い材料の例としてはアベンチュリンガラスや翡翠がありますが、これらは高価ですし、龍の存在を表すには木を彫った龍でも効果的です。ただし、龍は目の高さに置いてください。高すぎてはいけません。高すぎると龍をコントロールできなくなります。

　主導権は龍ではなく、あなたにあるということを忘れないでください!

九龍のパワーを呼び起こす

　香港を見下ろす本土部分は、9頭の龍を意味するカオルーンと呼ばれており、風水師はいつも強力な9頭の龍のこの住まいの繁栄を指摘します。9頭の龍の潜在能力は当然卓越しており、それは北京の紫禁城にある堂々たる陶磁器製の九龍壁に9頭の龍が描かれていることでも明らかです。この壁はレンガの表面にくねる龍を彩色琉璃瓦をはめ込んで描いた見事なものです。これはひときわ美しく、とても生き生き描かれ、様々な霊や否定的な邪気の攻撃をかわそうとしているかに見えます。この壁はあらゆる龍が存在することを象徴し、防衛の壁となります。後にまったく同じレプリカが作られ、市内の北海公園に設置されました。

　80年代半ば、香港の中国返還が迫り、過渡期の混乱を迎えていた時期、3番目の九龍壁が港とカオルーンに向き合う形で香港島に建てられました。これら彩色瓦の壁はすべて、とてつもなく大きな幸運と、特有の防護の性質を持つ9頭の龍による厄除けを願って設置されました。9頭の龍は以下の通りです。

1. **蒲牢(ほろう)** 危険があるとき警告し、守ってくれます。これは鐘や銅鑼やリンなどに刻まれる龍です。
2. **囚牛(しゅうぎゅう)** 音楽とともに陽のエネルギーを生み出します。
3. **負屓(ふき)** 知識教育運をもたらします。
4. **贔屓(ひいき)** 支えと力をもたらします。
5. **嘲風(ちょうほう)** 寺院など神聖な場所を守ります。
6. **鴟吻(しふん)** 火に優る水の力を象徴します。
7. **狻猊(さんげい)** 喪失や裏切りを防ぎます。
8. **睚眦(がいし)** 身体に害が及ぶのを防ぎます。
9. **狴犴(へいかん)** 訴訟から守ります。

ここに描かれている琉璃瓦の九龍壁の写真か印刷物を入手したら、玄関ドア付近にかけることで、その家に住む全員を守り全員に利益をもたらす9頭の龍の良い気を呼び出せるでしょう。9頭の龍は天地両方の充足、すなわち8方位すべての充足を表すため、方向は関係ありません。

龍のイメージで活気づける

龍は単に警戒や防衛のシンボルというだけではありません。龍は究極の成功のシンボルでもあります。そのイメージは勇気や勇敢さを暗示します。すべての龍の中で最も有力なのは天龍で、家長に強力な成功運をもたらすと言われています。天龍は、風水との関連では地龍と区別するべきです。龍のイメージは家やオフィスに吉兆の運をもたらします。龍のイメージは基本的な方向のいずれに置いてもかまいません。龍は東と密接に関連していますが、同時に基本的な4方向すべてとつながっているからです。こう言いましたが、龍は東で最も力を発するため、リビングの東の壁は龍のイメージで飾ることを強くお勧めします。

太陰暦の正月は、1年のうちでも幸運と繁栄を引き寄せるために龍のシンボルを飾って活気づけるのに特に良い時期です。さい先のよい龍踊りとにぎやかな陽のエネルギーで新年を迎

1章 | 富と成功のシンボル

えてください。住まいの陽エネルギーを高めるために、龍のイメージの陶磁器や磁器を買ってください。あるいは、パールがついた龍や半宝石でできた龍のイメージを飾ってもいいでしょう。寝室エリアより、リビングやダイニングのコーナーを活気づけてください。

天空の鳳凰で機会運を向上させてください

　鳳凰は風水における4種類の天空の生物の1つで、翼を持つ生物の王です。この素晴らしい伝説の鳥は機会運と関連する幸運を呼びます。鳳凰は、悲しい喪失や貧困から立ち直り、成功と繁栄の偉大なる高みへ上昇するという弾性のエネルギーを象徴します。

　鳳凰は驚くべき運を好転させる力をもたらすことで知られています。すべてが失われると思っているとき、仕事やキャリアに新しい道や機会を開きます。鳳凰単独の場合、上昇する陽のシンボルとなります。南の火のエネルギーと関連し、4つの風の神でもあります。風水実践においては、努力している分野で成功の機会を拡大したいと思っている人々に特に効果的です。

　家に鳳凰のイメージを飾るなら、高い場所を探してください。棚や食器棚などの上に堂々と置きましょう。鳳凰の体が、良い宇宙の気を引き寄せる人間の5つの性質を呼び覚ましてくれるでしょう。頭は美徳、翼は義務感や責任感を象徴し、背中は正しい態度、胸は慈愛や哀れみの心を導き、腹は信頼を示します。この5つの性質は羽根の5色にも表れています。

　鳳凰のイメージは家やリビングの南壁やコーナーに置いてください。鳳凰のイメージが見つからなければ、孔雀や雄鶏など美しい羽根を持つ他の鳥で代用してもかまいませんが、やはり鳳凰がベストでしょう。鳳凰を活気づけるには、磁器や絵画でもいいでしょう。

　私は体に金をあしらったクリスタルの鳳凰を持っています。これは15年ほど前に贈り物として受け取った限定品です。いただいた当初、これをオフィスの南のコーナーに置いたところ、ほぼたて続けに実に多くの機会に恵まれました。今日では、あまりに多くの機会に対処できなくなり、これを"引退"させました! 今は円満な家族運を刺激するために家族の部屋の南西に置いています。

鳳凰は
平和と繁栄を象徴します

　鳳凰の存在は常に平和と繁栄の時期に関連し、住まいに鳳凰の気があると調和と繁栄の気の流入を促進します。この天空の生物は南の主で、太陽、夏の暖かさ、良い収穫がもたらす幸福に関連づけられます。

　究極的に、鳳凰は繁栄をもたらし、このため、しばしば火の玉を見つめている姿で描かれます。つまり、私たちの暮らしの陽のエネルギーと強く関連しているわけです。しかし、これは単独で飾られる場合に限ります。

　鳳凰は龍と一緒にされると、陰の性質を帯びます。この鳳凰と龍を組み合わせたものは結婚の幸せを象徴します。右に鳳凰、左に龍を描いた絵(上図参照)は夫と妻を象徴します。もし結婚相手を見つけたいと切実に願っているなら、これを寝室の南西にあたる場所に置いてください!

　鳳凰を2つ一緒にしたものも夫婦の交わりを象徴しますが、この組み合わせは、偽りの男性と空虚な女性の鳳凰として古い書物に描かれているように、同性愛を暗示します。このため、鳳凰を2つ一緒に飾るのはお勧めしません。

　牡丹と一緒に描かれる鳳凰は若い恋人たちを表します。このシンボリズムは、花を入れた花瓶を持って鳳凰の背中に座る子供の姿で描かれることもあります。

　富のためには、朱色の鳳凰を南の壁に沿って高い位置に置くことをお勧めします。こういった富のシンボルは壮麗な姿が生かせるよう特別に飾るべきです。

　鳳凰はまったくの架空の生物だということを覚えておいてください。その優雅な姿や特性は優しく情け深い性質のものばかりです。従って、鳳凰は完璧なまでに美しく作られているべきです。

麒麟は繁栄と
傑出した息子をもたらします!

　神話の生物、麒麟は中国版ユニコーンで、龍馬と呼ばれることもあります。良い前兆、繁栄、成功、長寿、傑出した子孫と大きな喜びを象徴する素晴らしい生き物です。麒麟は息子をもたらします。不思議な力を授けられていると考えられ、前衛的な風水分析に用いられる数字を組み合わせた正方形のシンボル、河図と関連づけられます。また、背中に神秘的な模様を背負って黄河から現れたと言われており、その模様から、伝説の人物である伏羲(易経の創始者)が漢字を考案したと言われています。麒麟に関しては伝説や逸話が多数あり、そのほぼすべて

1章 ｜ 富と成功のシンボル

が、完璧な善意、慈悲心、穏やかな性質など、数多い性質を褒めたたえるものです。

　麒麟の存在は龍の強力な宇宙の気を引き寄せ、その住居に暮らす人々に幸運をもたらすと言われています。上に紹介しているのが中国の美術品店や工芸品店で見られる一般的な麒麟のイメージです。この素晴らしい生き物のあらゆる良い特性を得るためにこのイメージを机の上に置いてください。また、麒麟は幸福の前兆とみなされるため、吉兆のシンボルとして職場に飾ると良いと信じられています。

教育運をもたらす4種類の学術的な物を持つ麒麟

麒麟は仕事で上昇したいと願う人々の昇進運を象徴すると考えられています。軍隊で働く人々には特に縁起がいい動物です。麒麟は第一級の将校のシンボルであり、そのイメージはここに示されているようにしばしば礼服に刺繍されます。

龍亀の象徴するもの

　この伝説のシンボルは龍と亀の力や特性を組み合わせたものです。龍と亀は中国のシンボリズムの中で霊的な力を授けられた4種の生物の2つです。龍亀は亀の体に龍の頭を持つ生物で、コインやゴールドのインゴットの上に座る姿で表されます。口には象徴的な繁栄のコインをくわえています。麒麟同様これも架空の生物で、私たちが住環境の物理的空間のエネルギーを高めるためにシンボリズムを用いる方法を具体的に説明しています。写真を見れば、そのイメージに複数の意味があることに気づくでしょう。それは以下の通りです。

- 亀は長寿を象徴します。亀は食べ物や空気がなくても3千年生きられると考えられている生物です。
- 龍は成功、勇気、決意を象徴します。亀が龍に変わるということは、キャリアや仕事の努力が報われ幸運が近くに迫っていることを示唆します。
- 龍亀が座るゴールドのインゴットは巨大な富と繁栄を表します。
- 口のコインは収入が増えることを意味します。
- 背中の子亀は素晴らしい子孫運、一般に多くの男子に恵まれることを象徴します。

　このシンボルはペーパーウェイトとして使用できます。北か東の机に置いてください。ただし、あなたの正面に来ないようにしてくだ

1章 | 富と成功のシンボル

龍亀には
吉兆の意味が多数あります

さい。横に置くのがいいでしょう。また、龍と亀両方の支えがあることを表せるよう、座る場所の背後にこのシンボルを置いてもいいでしょう。

このシンボルはあなたと真正面に向かい合うかたちで置かないでください。風水では、強力なシンボルと向き合うと、トラブルを招くことになります。

虹の下にあるゴールドの壺や富の箱

　風水における富や財産のシンボルは、必ずしも中国の伝統に由来するものである必要はありません。風水のシンボリズムの原点と正しい配置の基本原則を理解すれば、富運の基礎となるのは富を実際に物理的に表すことなので、財産や幸運を暗示するゴールドでできたものはすべて、富運と関連する肯定的エネルギーを作るものとして利用できると気づくでしょう。たとえば、私は、多くの風水師たちが富の花瓶や富の箱の中身について西洋のおとぎ話とほとんど同じような描写をしていることに気づきました。虹の下にあるゴールドの壺や海賊の宝箱のように、これらは様々な幸運を表す生物が座るゴールドのインゴットやコインの山を思い出させます。

　つまり、家の風水を刺激したければ、また、家を中国の骨董品店のように見せたくなければ、私のようにしてもいいでしょう。美しいクリスタルで作った富の箱を人工の宝石でいっぱいにしてリビングを活気づけるのです。私はクリスタルの皿を宝石のように見える色彩ガラスで満たし、窓辺につるしているカットクリスタルの水晶球が太陽光を受けて作り出す虹色の光をとらえるよう、その皿を窓辺に置いています。それはとても美しく、陽のエネルギーをたくさん取り込みます。クリスタルは土のエネルギーを表すため、風水のシンボリズムの素晴らしい媒体となります。

　風水は地の運を引き出し、活用することです。ゴールド(金)や貴金属は地中から見つかるものです。五行の創造サイクルでは土が金を生むということを覚えておいてください。また、金属を表す漢字は金です! つまり、土の要素をクリスタルで活気づける場合、富のシンボルである金を活気づけていることになります。天然のクォーツクリスタルを飾ってもいいでし

ゴールドの壺

1章 | 富と成功のシンボル

れは、馬が競争相手に勝つことを意味するからです。そういった絵が見つからなければ、貴重な物を載せて役人に引かれている(役人が乗っているのではなく)馬(白が好ましい)を描いた絵を探してください。これは上方向への移動性や昇進を象徴します。馬が白い場合は特に、とても吉兆であるとされています。

　馬は陽のエネルギーを大量に発する貴重な動物の1つとして非常に好意的にとらえられています。馬は仏陀に捧げる曼荼羅にも出てくる尊い動物の1つでもあります。また、高潔さ、上流階級、快適なライフスタイルの象徴でもあります。スピードや忍耐力も表します。馬は常に家の南に置くべきです。つまり、部屋の南の壁や南にあたる場所という意味です。リビングや家族のエリアに置くのがベストで、寝室に置いてはいけません。

　後ろ足で立つ馬は飾らないでください。後ろ足で立つ馬をあなたの真後ろや真向かいに

クリスタルは7日7晩、海塩溶液に浸してきれいにしてください。

ょう。こういったクリスタル類は北西あるいは西に置き、その方向の金のエネルギーを活発にしてください。クリスタルは自分の好みで選んでください。

勝利を意味する贈り物を載せた馬を飾ってください

　中国人は贈り物を乗せた馬を皇帝や有力な廷臣への貢物と関連づけます。宋時代から清王朝まで、贈り物を載せた馬は敗者から勝者にもたらされる贈り物といつも関連づけられてきました。つまり、贈り物を載せた馬は戦利品を象徴するわけです。もし非常に競争の激しい状況にいるなら、贈り物を載せた馬の絵を飾ることが勝利運をもたらすシンボル風水の最も良い活用法です。こ

贈り物を載せた馬は象徴的に権威運を高めるよう南に置いてください

1章 | 富と成功のシンボル

置くのはいっそう良くありません。そんなことをすれば、四肢に関する事故や体の問題に苦しむことになります。脅威を感じさせない姿勢の馬を置きましょう。吉兆の馬の素晴らしいレプリカとしては有名な明朝の馬の彫刻があり、これもやはりリビングの南に置くのが理想的です。

象は子孫運をもたらします

成功と子孫運のための1対の尊い象

　中国語の象という言葉は首相を意味する言葉と発音が同じです。ゆえに象は、倫理をわきまえた優れたリーダーの持つあらゆる資質——力、思慮分別、エネルギー、確かな判断力のシンボルとなっています。象は力を表す4種類の動物(他の3つは虎、獅子、豹)の1つでもあります。また、仏教の七宝の1つと考えられ、礼拝の際に仏のために作られる曼荼羅に含まれる尊い動物の1つとしてもとても重要です。タイでは、白い象は神聖な動物であると考えられています。東洋文化では、神仏が象の上に乗っている姿で描かれることもしばしばです。中国文化では、象に座る子供の絵は幸運を表すと言われています。

　風水における象の意義は、家長の立身出世と関連する幸運を多くもたらすことです。これは象が願いを聞き届ける宝石を持っていると信じられているためです。つまり、家に象のシンボルがあれば、それは願いが聞き届けられるという幸運を意味します。家に象を飾る理想的な方法は、陶磁器製の象をペアで購入し、家の中か外、玄関ドアのどちらかの側に置くことです。私は幸運の到来を象徴するために家の中に置くほうを選びます。私の象はベトナムから輸入された安価な陶磁器製の素晴らしい象です。

　また、象は家庭に子孫運を授ける優れたシンボルであるとも言われます。子供のいない女性が寝室に象のイメージを置けば、男児を授かる可能性が高まると信じられています。

　北京郊外の明王朝の陵墓の近く、墓に続く参道沿いに巨大な石の象が立っています。男の子が欲しい女性は男の子のエネルギーを呼び出すためによくこの象のお尻を撫でています。

宝石を出すマングースと強力なピヤオを見つけてください。

繁栄運を引き寄せ悪運を打ち負かすことに対する中国人の熱意はよく知られていますが、富を得て悪運を克服することを象徴する動物は多数あります。わかりやすい動物もありますが、少し注意を要するものもあります。ここでは悪運の克服はもちろん、富運を活気づけるシンボルで、机に飾れるものを2つ紹介しましょう。

マングースは鼠に似ています。上に見られるように、ゴールドのインゴットやコインの上に座る姿で表されます。マングースは口から宝玉や宝石を出すと言われています。マングースは重要な富の創造主であり、チベット仏教における富の三神──白いクベーラ(毘沙門天)、黄色いクベーラ、黒いクベーラが手に持っている様子が描かれています。チベット仏教の信者は噴水の下に富の神を飾ることがよくありますが、これはそうすることで神が喜ばれ、マングースにたくさんの価値ある宝玉や宝石を吐かせると信じられているからです。

ピヤオは地上版と海中版があり、特に強力で縁起のいい幸運の生物です。ピヤオは、木星大公(大歳)を怒らせたために悪い風水に苦しむ人を助ける力を持つと言われています。新しい家に引っ越した直後の、あるいはリフォームした直後の悪運期を耐えている人々は家にピヤオのイメージを飾るべきでしょう。

宝石を出すマングース

マングースを持つ白いクベーラ

龍犬とも言われるピヤオは、その年の神である大公を鎮めることができます。

アカコウモリは幸運を表す陽のシンボルです

アカコウモリはかなり昔から繁栄、幸福、長寿を表す吉兆の象徴となっています。不快な生き物と見られがちなこの生き物に肯定的な意味があるのは、その名前の発音のためです。中国語では、コウモリ(蝙蝠)の蝠は幸福や幸運を意味する福と

1章 | 富と成功のシンボル

発音が同じなのです。そういうわけで、蝙蝠はとても人気のあるシンボルとなり、しばしば装飾に用いられます。風水に用いられる場合、コウモリはたいてい朱色に塗られています。これは赤が喜びを表わす色でもあるからです。一般に、アカコウモリは5頭の群れで描かれ、これは天の5つの祝福——長寿、富、健康、徳のある人生、自然な死——を表します。また、5頭のアカコウモリは繁栄を表す陽のシンボルでもあります。たいてい陶磁器や絵画に描かれています。より縁起のいい意味を持つ描写としては、5頭のコウモリが壺や花瓶から現れるというものがあります。これは、幸福や幸運だけでなく、ほとんど問題のない平和な人生を意味します。

　中国人はコウモリの家族が家に住み着いたら、まれな良い兆しであると考えます。それは家庭に繁栄や成功の時が訪れることを意味するからです。ですから、コウモリは決して追い払うべきではありません。昨年、私の友人の家にコウモリの家族が住み着きました。私は彼にコウモリを歓迎するよう勧めました。それ以来、彼のビジネスはとんとん拍子に成功しています。伝説によれば、千年間生きる銀色のコウモリがいるそう

です。高い山の洞窟の奥深くに住み、鍾乳石を食べて生きていると言われています。そのコウモリを見つけて食べれば、円熟した晩年を遅れるそうです！

他のシンボルと一緒に飾れば、コウモリは特に吉兆です

　満州皇帝時代、コウモリは帝龍に次ぐ人気でした。皇帝の礼服に縫いこまれるあらゆる吉兆のシンボルの中でも、最も頻繁に見られるシンボルはおそらくアカコウモリだったで

1章　富と成功のシンボル

5頭のコウモリは長寿、富、健康、徳のある人生、自然な死という5つの祝福を意味します

しょう。一般に、ここに紹介する龍の礼服に見られるように、雲や水のモチーフとともに散りばめられます。

　ここに紹介しているかぎ十字および長寿のシンボルとともに描かれた5頭のコウモリは、3つのシンボルのイメージを結びつけたものです。これらのシンボルは一緒になって大きな喜びと豊かさに満ちた長い人生を意味します。コウモリは赤く塗られるのが理想的でしょう。このシンボルは衣服に刺繍されたり、花瓶や壺に描かれたり、ロゴや絵画に組み込まれたりします。継続的な幸運を楽しむために、リビングやダイニングに目立つように置いてください。

家族の米びつの縁起を高めて守りましょう

　主食がお米なら、常に家族の米びつを気にかけてください。お米の保管の仕方や容器の種類は問題ではありませんが、象徴的に米びつが常に守られ、それゆえに家族の運が決して悪い方向に向くことはないと保証する有益な方法がいくつかあります。

- 米びつは常に閉めてください。鼠やゴキブリを寄せつけないのはもちろん、これは家族の富が守られていることも意味します。

- お米の保管にプラスチックの容器は使わないでください。これは不吉です。代わりに、陶磁器か陶器製のものを用いてください。土のエネルギーはとても健全で堅実です。米を木の壺に保管するのを好む人もいますが、これもやはり良いでしょう。

- 米びつに水がしみ込んだり落ちたりしないようにしてください。これは米を傷めるため、良い兆候ではありません。

- 本物のお金を入れた赤い包みを米びつの底に入れてください。あるいは、赤い紙に金の装飾でシンボルを描き、壺に貼ってください（下図参照）。毎年太陰暦の元旦には新しい赤い包みを補充してください。これは家族の運は強まるばかりで決して衰えないということを象徴します。

- 米びつを空にしてはいけません。米びつの中身が半分になったらすぐに補充するのが良いでしょう。空になった米びつほど不吉なものはありません。風水では容器は決して空にするべきではないと覚えておいてください。誰かに美しい容器を贈るときは、常に何かで満たしてくだ

1章 | 富と成功のシンボル

さい。でなければ、悪運が自分に跳ね返ってくるでしょう。

- 米びつは食料庫、物置、戸棚などの中に隠して保管してください。こうすれば、富を失ったり盗まれたりすることはないでしょう。
- 米びつの形に関しては明確なルールはありませんが、浅いものより深いものがいいでしょう。米びつが深ければ、それはたくさんお金の入る深いポケットを持っていることを意味します。浅い米びつはお金が欠乏するかもしれないことを示唆します。
- 家族の米びつや炊飯器を誰かに空にされないようにしてください。これは最悪の種類の悪い風水だとみなされます！ 実際、テーブルかどこかに米の容器をひっくり返すのはとても縁起が悪いと考えられ、昔ならそんな不注意な使用人はすぐさま家を追い出されました。今日、ほとんどの家庭は炊飯器で米を炊き、盛りつけます。炊飯器を倒したりひっくり返したりしないでください。これ以上悪い兆しはありません。米びつや炊飯器は安定した場所にきちんと置いてください。

ゴールドの箸、お金の木、願いを叶える牛

最も良い贈り物の1つはゴールドの箸ですが、これは幸運のシンボルとしてはあまり知られていません。今年の始めに箸と揃いのU字型の箸置きを2組もらったときは実に興奮したものです。1組はゴールドで、もう1組はシルバーです。私はこれは極めて縁起のいい贈り物だと思い、現在、幸運を呼ぶためにダイニングに仰々しく飾っています。箸は収入源が増えることを象徴します。

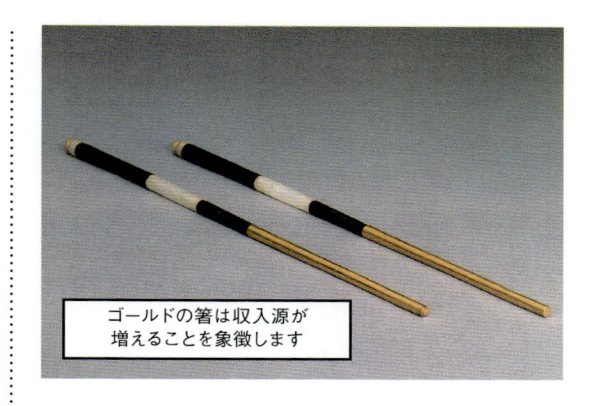

ゴールドの箸は収入源が増えることを象徴します

箸には2つタブーがあります。それを覚えておくとためになるでしょう。

- ご飯を入れた茶碗に決して箸を立ててはいけません。これは死のしるしで、非常に嫌われ、太陰暦の正月の間は特にしてはいけないと考えられています。
- 箸を人に貸してはいけません。もし誰かに箸を貸してくれと言われたら、捨て値で象徴的に売ると申し出てください。たとえ貸すだけでも、箸を渡すのは自分の暮らしを引き渡すのと同じようなものなのです。

1章 | 富と成功のシンボル

お金(カネ)の木

お金の木にはいくつか種類があるようです。風水に関する書物には、伝説の金の木にはゴールドのコインやインゴットがつるされるとしばしば言及されています。不老不死の果実をつけると言われる木と同様、お金の木は神話に出てくるものであり、象徴的なものです。人気があるのは、宝石できた願いの叶う宝石の木で、幸運を呼ぶために飾られます。

願いを叶える牛

タイの象と同じように、インドの人々の心には牛に関して特別なものがあります。風水では、願いを叶える牛は良い子孫運を象徴すると言われています。仏教やヒンズー教では、牛は神聖な動物であると考えられます。幸運のために、コインやインゴットの上に座る牛を机のどこかに飾ってください。

ゴールドのインゴットは富の船や富の花瓶、富の壺を満たすのに用いることができます

ゴールドのインゴット

ゴールドのインゴットは家の中に豊富な富運と絶え間ない幸運を引き寄せます。ゴールドのインゴットは貯蓄や財産など、富や有形資産を意味するため、飾るのは常に吉兆です。家やオフィスにある富の花瓶、富の皿、帆船に好きなだけゴールドのインゴットを入れてください。

ラピスラズリの地球儀

地球儀は土の要素を強く表現するものです。ラピスラズリのような貴石でできた地球儀は知識や自己開発に関する運をうまく活気づけます。これは家の北東の方角に置き、吉兆の気を刺激する動きを生み出すよう毎日回してください。私は世界中で私の本が売れるように、家の中のビジネスの方角を高めて吉兆の気を活気づけるために常にこういった地球儀を置いています。

願いを叶える牛

2章
長寿のシンボル

私たちは長く生きられなければ幸運ではないと考えます。良い風水は家の家長や女家長を長寿に導きます。家に長寿のシンボルを飾ることで家族全員の寿命を延ばし、風水的に最適な方角に置くことでその効果を高めてください。長寿とは単に健康な人生でなく、重大かつ生命を脅かすような事故や災難から守られた人生をも意味します。

私たちにとって長寿は3つの意義深い大望の1つです。あらゆる祈りや挨拶の文句には長寿を願う思いが含まれています。

人生を通して健康で順調な日々を享受するために、美しい鶴や常緑の松の木、水分の多い長寿の果物、桃を飾ることを考えましょう。長寿の神、寿を招き入れ、栄誉ある場所の高い位置に置いてください。寿が、吉相の敏捷な鹿を常に連れていることに注意しましょう。寿命の長い竹を育て、亀の池を作り、この天空の生物の持つ吉兆を表す多くの性質をとらえてください。死後の生活が良いものになることを表す翡翠の蝉を飾りましょう。長寿という重要な大望を叶えるシンボルは他にもたくさんあります。風水実践を補足し、効果を高めるためにそれらを利用してください。

長寿を願って行うことはすべて、家族をはじめ家に住む全員の健康運をも意味するということを覚えておいてください。フライングスター風水で病気や事故をもたらす可能性のある悪い時期を知り、これを補ってください。つまり、長寿を活気づけたり高めたりするシンボルに加えて、10章にある表や本文を勉強し、悪いフライングスターを中和するためにシンボルを適用し、居住者の風水を個人的なものにしてください。

長寿の神、寿を家に招いてください

長寿の神、寿は多くの家庭で見られる最も人気のある神の1人でしょう。彼は、まとめて福禄寿として知られる人気の3神の1人です。

長寿の神は一般に絵画に描かれることもあれば、磁器や陶磁器に描かれたり、木や象牙、石に彫られることもあります。寿が人気があるのは健康および順調で長い人生を象徴するためです。寿はたいてい黄色の衣服を着て、上に魔法のヒョウタンのついた杖状の物を持っています。

ヒョウタンはそれ自体、吉兆のシンボルですが、長寿の神が持つと、不死の美酒で満たされると言われます。寿は不死の果実、桃を持っていることもしばしばで、時には鶴や鹿を伴っていることもあります。このページの写真では、寿は片手に美酒の入ったヒョウタンのついた杖状の物、片手に不死の果実、桃を持って立っています。また、松の木とともに、霊芝(レイシ)として知られる長寿のキノコに取り囲まれる姿で描かれることもあります。霊芝は長生きできる植物としてよく引き合いに出されます。

寿は部屋のほうが見渡せる玄関の高い位置に置いてください。背後にしっかりした壁のある場所がいいでしょう。すぐ後ろ、あるいはすぐ前に窓やトイレやキッチンがあると、悪運を招くと考えられています。寿に最適な場所は、ドアと対角線上にある場所に置かれたテーブルの上です。

長寿の神は仏教の神ではありません。従って、仏をまつるのと同じ方法ではまつりません。寿を仏壇に置かないでください。そんなことをしても吉相にはなりません。寿は西洋的な意味の神として扱う必要はありません。ですが、あまり低いテーブルに置くのもよくないでしょう。あまり低い場所に置くと、寿が象徴する幸運に敬意を欠くことになります。経験から、家に置く象徴的な神はすべて、居住者の目の位置にあるのが理想的です。

長寿の神、寿

美しい鶴は多くの神秘的な特性を賦与されています

鶴は地上の羽根のある生物全般の長であるという言い伝えがあります。幸運の鳥の中で鳳凰に次いで人気のあるシンボルです。鶴は不死の鳥で、長寿、幸福、順調な飛行という特性があるとみなされます。家や庭に象徴的に鶴が置かれると、家に調和と幸福が訪れると信じられています。私が鶴と松の

家庭の年長者に恩恵があるよう、長寿のシンボル、鶴は庭の西側に置いてください

模様の花瓶を飾り、さらに庭の南に置くために大理石の鶴の彫刻を探したのはこういった特性があるためです。私は自分の鶴を大変気に入っており、これらの鶴が私に順調で幸せな生活はもちろん、多くの機会をもたらしてくれたと確信しています。

中国の神話では、鶴には黒、白、黄、青の4種類があります。4種類の中で、黒い鶴が最も長く生きると考えられ、600年生きると言われています。

幸運のシンボルとして、特に長寿のシンボルとして鶴を利用するのは、伝説の皇帝、伏羲の時代にまでさかのぼります。不老不死の8仙人の冒険話では白い鶴について言及されています。中国の絵画や工芸品に描かれる鶴は様々な姿で描かれていますが、それぞれ微妙に異なる幸運の意味合いを含んでいます。

- 鶴はしばしば魂を天に運ぶと考えられるため、天高く舞い上がる姿で描かれる鶴は来世での幸福を象徴します。この理由から、葬儀の間、翼を広げ片足を上げた鶴を棺中央に置くのが吉兆であると考える人もいます。これが魂を無事に天に導くと信じられていたのです。
- 雲間に描かれる鶴は、長寿、知恵、皇帝に近い生活を象徴します。つまり、これは権力のある高い地位に到達することを意味します。
- 松の木の間で戯れる様子が描かれている場合、権力、回復力、名誉と富に満ちた人生に恵まれることを意味します。

2羽で描かれる鶴は、一家の家長と女家長の長寿を意味します

両親への記念日の贈り物として最適な物の1つに、松の木の間で寄り添う2羽の白い鶴を描いた工芸品があります。これは家長と女家長の両方が健在する一家が継続すること

を意味します。しかし、本当の意味はもっと深いところにあります。これは家族の調和と幸福を守るはもちろん、八卦における乾と坤の最良の性質が継続することをも意味するのです。白い鶴(頭部に赤い毛のある鶴)は家

庭に調和をもたらし、家庭内のあらゆる人間関係がうまく行くことを保証すると信じられています。

　また、鶴は知恵を意味します。家族が上向きに前進する途中に立ちはだかるあらゆる障害を消滅させ、あらゆる問題を解決する知恵です。飛ぶ鶴は栄誉ある偉大な高さに到達することを意味し、太陽や月をじっと見上げる1羽の鶴は究極の知恵を強く望んでいることを意味します。従って、白い鶴は家に飾るのにとても好ましいシンボルです。

　家に鶴を飾る最適の方角は南です。これは機会運をもたらします。鶴は西に置くと子供に幸運をもたらし、北西に置くと一家の家長に恩恵があります。また、東に置くと、一家の息子たち、特に長男に利益をもたらします。鶴を描いた屏風は、住居内の1つのラインに3つ以上ドアがある場合に、風水を矯正する優れた役割を果たします。また、単に不吉な光景を遮断したいと思う場合にも有効です。

　鶴を置いても利益のない領域は、キッチン、バスルーム、トイレです。寝室、ダイニング、家族の部屋に鶴を飾るのはいいでしょう。

松の木は、不動、堅実、確固たる性質を表し、内面の力の究極のシンボルです

　松は内面の強さと耐久性を表す最も強力なシンボルでしょう。寒い冬も葉を落とさない松は、それゆえに不変性、強さ、不屈の精神を表します。松は長寿のシンボルとして好まれ、おそらく最も頻繁に描かれている木でしょう。ほぼすべての風景画で、松は岩や水仙とともに描かれ、長く続く個人的達成感のある人生を示唆します。また、竹や桃の木と一緒に描かれることもあります。合わせて冬の3人の

友人たちを表します。ともに描かれる松、竹、梅は逆境にあっても終始変わらない友情を意味します。

　松の木は詩のテーマとしても人気があります。孔子の著書でも、松について多数言及され、そのほとんどが困難な状況でも変わらず生き延びる特性を説明する隠喩や寓意として利用されています。古い松の木は最大の敬意をもって見つめられます。庭に松を植えているなら、尊敬の念をもって扱ってください。また、庭に健康な松の木が2本あれば、それは結婚の幸福のシンボルでもあります。

　左にあるのは良い風水の風景に最も重要な2要素である山と水の備わった典型的な風景画です。前景には松が描かれ、青々と茂る葉は夏であることを示しています。

　この絵画には豊かな長い人生を願う気持ちが現れています。内側の水は最も素晴らしい向きであなたに向かって流れています。

不死と長寿のシンボルであり、結婚の機会のシンボルでもある桃

　桃の木ほど深く大きな象徴的意味を持つ木や果実は他にありません。桃の木はすべての部分に何らかの価値ある特性があると信じられています。桃の木材はいたずらな霊や悪魔から身を守る素晴らしいお守りになると言われます。昔、弓矢のような武器は桃の木で作られたものでした。また、道教の僧侶が厄除けのお守りや魔除けに押す印の材料にも桃の木が用いられました。

長寿の桃の木

　同時に、桃の花と花びらは、男性に恋の呪文を投げかける力があると信じられていました。道教の魔法の恋の呪文が効果を表すには桃の花を用いる必要があると言われています。ただ残念ながら、私はその恋薬の処方箋を持っていません！

　しかし、桃はやはり果実が最も貴重だと言われています。伝説によると、不老不死の桃の木は、中国の崑崙山脈のどこか、西王母という西の女神の伝説の庭にあったそうです。この奇跡の木は3千年に1回だけ不老不死の桃の果実をつけると言われていました。そして、桃が果実をつけたとき、女神は八仙を庭に招いてもてなしました。すると、その祝宴のさなか、猿の神が従者を連れてやって来て、すべての桃を収穫し、永遠の命を手に入れたのです。そのため、不死の桃を盗む猿の神のイメージを家に置くと、家に豊富な長寿のエネルギーが

満ちると言われています。私は家に木製の猿の彫刻を置いています。何年も前に中国の福建省でそれを買ったときに、その彫刻の象徴的な意味の背後にある素晴らしい伝説を教えられたのでした。

桃は春のシンボルでもあります。中国では春に桃の花が咲くからです。春は結婚するカップルにとって最高の季節だと言われ、桃は結婚のシンボルでもあります。桃は結婚の気を生み出すと信じられているため、部屋に桃の絵を置くと一家の独身男女の結婚の機会を高めることになります。結婚の幸せをもたらすために、翡翠輝石の桃の木を手に入れ、南西に飾ってください。

竹には長寿と不屈の精神を意味する耐久性と回復力があります

竹は本来その耐久性のため、昔から長寿のシンボルとみなされてきました。竹は四季を通じて緑を保ち、どんな状況でも育ちます。冬でも葉が茂っていることから、回復力と不屈の精神という象徴的特性を得たのです。中国では、北は北京まで竹は全国で見られます。品種は約10種ですが、その10種の中でまた様々な種類があります。全種類の竹が長寿のシンボリズムを実現するために飾られます。

竹は種類によって異なる伝説があります。斑点のある竹は皇帝夫人の涙と言われ、不朽の愛と忠実を意味します。とげのある竹は茎よりも葉が多く、これは良い家族運に関連する年長者の幸運を意味します。家長は子孫の成功を喜ぶ

竹は回復力と長寿をもたらします

という幸運を得るでしょう。茎の堅い竹は病気や疾患のない人生を意味します。良い健康はこういった頑強な竹と関連づけられます。

昔、竹薮の成長は長寿の気が象徴的に存在するとされる典型的な場所でした。竹を目立たせたい人は、家の玄関近くに竹の鉢植えを置きましょう。庭の東側ならなおいいでしょう。これは木の要素の方向であり、吉相の竹を置くには理想的です。

仕事や経歴に関連する幸運に恵まれる生涯を確かにするために、書斎やオフィスに葉の茂る竹を描いた伝統的な絵画をかけるのもいいアイデアでしょう。吉相である竹の葉の茂る枝がいくつも垂れ下がる様子を描いた絵画を選んでください。この数に関しては、葉の集まりは6、8、9(あるいはその倍数)が吉兆と考えられ、5、7、2、3はあまり吉兆ではないと考えられています。最高の組み合わせは、6と8の集まりです。

竹の書画は逆境における回復力と関連する幸運を意味します

　竹は耐久性と防護のシンボルでもあります。多くの家庭には、冬、冷たい北風をさえぎるための竹の生垣があります。このように、庭の北で育つ竹は防護を意味します。もし家が冷たい風に苦しみ、冬期の防護を必要としているなら、方向に関係なく最も効果的に風を防げる場所に竹の生垣を作ってください。竹は大変丈夫な植物です。生物学的には草に分類されますが、多くの樹木より高く育つこともあります。竹はほとんどどんな土壌でも生い茂り、天候に関わらず常に緑を保ちます。冬の最も寒い時期も夏の最も暑い時期も持ちこたえます。風が吹けばその方向にたわみ、時には地面すれすれまで曲がることもあります。これはこうして困難に向き合うことを意味します。竹はたわみ、適応し、流れに身を任せながらも、それ自体は決して変わりません。嵐の後も、竹は常に生き残ります。

　竹は人間性と人生を申し分なく表す隠喩と考えられています。そのため、画家や書家に人気のテーマであり、画家や書家は竹の幹や葉を様々な筆づかいでみごとに描くことに喜びを見出します。

　書道は字を美しく描く芸術であり、動きと筆圧の完璧なバランスによって表現します。書道の筆は驚くほど柔軟であり、優れた書は筆遣いの完璧なバランスで生み出されたものということになります。

　また優れた書は、極めて良い気のエネルギーの結果でもあります。つまり、描かれた文字が吉兆を意味する言葉である場合は特に、それは良い風水となります。テーマが竹である場合、そのテーマと書の組み合わせは、悪い時期や逆境を乗り越えた長く幸せな人生と関連する幸運を意味します。書とともに描かれた竹は書斎や図書室に飾るのがベストです。

鹿は長寿の他、様々なことを象徴します

　種類、生息場所に関わらず、鹿はスピード、忍耐力、長寿と関連づけられるとても人気のあるシンボルです。揚子江の谷にいる鹿はアンテロープに似ており、チベットとの国境となる中国南西部の山間にいる鹿はヤクに似ています。

　発音的には、中国語の鹿は"ルゥ"で、収入や繁栄を意味する言葉と同じ音です。このため、鹿は富も意味します。つまり、他の意味と合わせると、鹿は富と繁栄に満ちた長い人生を意味することになります。従って、ビジネスに関わる人々がオフィスに鹿のイメージを置くのは極めて吉兆でしょう。職場に飾った場合、鹿は会社の繁栄と成長を願う思いを象徴します。家に飾った場合、鹿はそこで暮らす家族が長く安寧に暮らし、繁栄を享受することを意味します。

　中央アジアおよび北アジアには鹿に関連する伝説が多数ありますが、中国の神話ではほとんど常に長寿の神、寿とともに描かれています。

　また、多くの中国の画家は、宮廷の高官の隣に鹿を描くのを好みます。というには、これは、絵を受け取る人が名声、富、長いキャリアを手にするよう願う思いを表すからです。この絵は仕事で出世を願う人や学校を卒業してこれから就職する人への素晴らしい贈り物になります。

　鹿は一般に敏捷かつスピーディで、偉大な忍耐力を授けられていると考えられているため、そういった性質のことを願う場合にもこのイメージを飾ります。家に鹿を置きたいと思う人は、鹿と一緒に寿が描かれた絵を入手するか、富を象徴するコインやゴールドのインゴットの上に立つ鹿のイメージを探してください。

鹿には良い意味が多数あります。

2章 | 長寿のシンボル

翡翠の蝉は
不死の象徴であり、
政策に対するお守りです。

　中国人にとって、蝉は非常に強力な不死の象徴です。昔、裕福な家族はしばしば死者の口に蝉の形に彫った翡翠を入れて葬ったものでした。こうすることで祖先に永遠の命が与えられ、幸福な死後を迎えられると信じられていたのです。

　生きる者にとって、蝉は長寿、幸福、永遠の若さのシンボルとみなされました。これはおそらく、蝉が最も長く生きる昆虫だと考えられていたからでしょう。蝉は18年間生きると言う人もいます！

　このシンボリズムの起源は、その治世に様々な良い行いをしたという古代女王に関連する蝉の伝説にもあります。女王は死と同時に蝉に生まれ変わったと信じられていました。そして、蝉になった女王は決して肉体的に年をとることなく、他のどの昆虫よりも長生きしました。以来、蝉は外見上の若さのシンボルとなったそうです。

　また、蝉は防衛のシンボルでもあると考えられています。蝉のイメージを身体に着ければ、危険や不実な友人や敵が近づくと警告を受け、身を守れると言われています。宮廷の官吏たちは宮廷の陰謀や様々な政策の犠牲にならないよう身を守るために、しばしば着衣に翡翠の蝉を隠していました。この関連で、蝉はある種のお守りとみなすことができます。嫉妬深い同僚や策略をめぐらす上司から身を守ることが求められる現代のビジネス環境にいる企業人たちは、翡翠の蝉を探し、お守りのペンダントとして首にかければ役に立つかもしれません。

　こういった蝉は香港の中国工芸品店や、台湾やシンガポール、あるいは中国の翡翠店で見つけられるでしょう。見つからなければ、蝉のペーパーウェイトを探して、オフィスのデスクに置いてください。もちろん、翡翠を買う余裕がなければ、透明感のある翡翠に似た素材で作ったものを探してもいいでしょう。

　蝉の他の特性としては、歌う能力があります。雄の蝉は雌を引きつけるために夏中歌い続けます。これは幸運の兆しとしてとても好意的にとらえられています。

亀は家中に置きたい
最高の長寿のシンボルです

　良い風水を家に持ち込むのに亀以上のものはありません。亀は多彩な意味を持つシンボルであり、実際に現存し容易に見つけられる唯一の天空の生物でもあります。亀は単に長寿のシンボルというだけではありません。家で本物の亀を飼えば、その家の家長は確実に80歳以上の長生きができると言われているのです！また、亀は防衛、支持、富と繁栄のシ

2章　長寿のシンボル

ンボルでもあります。風水では、亀は家が確実にしっかりと安定して建っているための背後の支持だけでなく、北の防衛の丘をも意味します。また、亀は数字を描いた神秘的な洛書の図形の担い手でもありました。落書の図形が甲羅に描かれたその亀が皇帝伏羲の注意を引いたと言われています。伏羲は中国初代の伝説の皇帝で、風水のあらゆる理論の基礎となる易経の著者であるとされています。亀の神秘的で不思議なシンボリズムを説明する伝説は他にも多数あります。

亀は体の中と甲羅の模様に天と地のあらゆる秘密を隠していると言われます。私は家族とパンコール島の海岸で休暇を過ごしていて浜に打ち上げられた亀の死骸を拾った直後に、風水に関する本を書きはじめました。あれは1992年のことです。あの時、私は宿命的な兆しの重要性に気づかず、その亀甲を家に持ち帰ったものの、その後まもなく捨ててしまいました。私がその兆しのシンボリズムに気づいたのは、ペットのテラピンが住む池のそばで考え事をしていたときのことです。(テラピンは家庭向きの淡水亀で、海亀は淡水亀に似た海に住む亀です)。

私の話はもちろん、亀の様々な伝説と少し矛盾しています。神秘の亀は、皇帝が荒れ狂う黄河を鎮めるのを助けたと言われていました。また、盤古が世界を作ったとき、宇宙を支える柱に亀を用いたと語られています。亀の隆起のある甲羅は空であり、腹は地であり、亀の伝説的な長い寿命ゆえに世界は不滅となったのでした。

> 亀は今も存在する唯一の天空の生物です。家に亀を置くのはとても有益です。

コインの上にいる龍亀を飾るとなお良いでしょう

もし生きた亀を慎重に吟味するなら、蛇に似た頭と長い首を持っているかを見てみましょう。そういった亀は龍に似ているとよく言われるからです!

つまり、龍の精神が、今なお地上を歩いているこの生物の姿を借りて息づいているというのです。風水師は家の中の大きな幸運のシンボルとしてしばしば龍亀を飾ります。この龍亀

龍亀

はコインやゴールドのインゴットの上に座る姿で表されていることが多いです。口には康熙帝や乾隆帝の時代など、繁栄した時代のコインを1つくわえています。こういったシンボルは龍の勇敢さと亀の盾となる性質の両方を表します。ビジネスに関わる人々は、オフィスの自分の席の後ろにこのイメージを置くと、ビジネスのリスクが大きくなっても、それほど危険ではなくなっていることに気づくことでしょう。コインの床は富と繁栄がうまく蓄積していくことを示しています。ここに紹介しているようなイメージの龍亀はチャイナタウンの骨董品店やスーパーマーケットで簡単に見つけられるでしょう。決して高価ではありませんが、たいていは石膏に金色の色付けをするか、真鍮でできており、とても重い場合もあります。飾るのは1つで十分でしょう。この生物をたくさん飾ってそのイメージを強める必要はありません。

　私はここにあるイメージが好きで家の仕事場に飾っていますし、本物の生きたテラピンを飼うのも好きです。私のテラピンは家の北にあたる場所に住んでいます。この方面は私のフライングスターのナンバーが最高になる方角です。その場所のマウンテンスターは6、ウォータースターは8です。そのため、私は1匹ではなく、6匹のテラピンを水の中で飼っています。水の要素を活気づけるために、小さな池に流れ落ちるミニチュアの滝も作りました。水は家の外方向ではなく、確実に家に向かって流れるようにしています。これは金銭の流れを象徴するからです。テラピンは池の中で飼っています。フライングスター風水になじみのない人は北方向に1匹だけ飼うのがいいでしょう。手の込んだ水場を作る必要はありません。小さな鉢や水盤に水を半分ほど満たしたものでも十分です。よく晴れた暖かい日にテラピンが日光浴できるよう、いくつか石を置いてください。こうすることで、北方面に陽のエネルギーが蓄積するのを促すことができます。こういったテラピンの住む水を取り入れることで、キャリアに利益が生まれ、仕事で素晴らしい昇進の機会がもたらされるでしょう。

ヒョウタンは豊富な祝福を意味します

　ヒョウタン(瓢箪)のボトルは道教および仏教信者の幸運のシンボルです。ヒョウタンは道教では秘術に用いられる強力な道具であり、仏教では仏教の神々の持つ神聖な美酒の容器であると考えられています。昔から絵画にも多数描かれています。たとえば、長寿の神は、不老不死の妙薬が入っていると言われるヒョウタンが先についた杖状の物を持っています。絶大な人気のある仏教の観音菩薩(慈悲の女神)は祝福の美酒の入った小さなガラス瓶を持っています。このガラス瓶はしばしばヒョウタンのような形に描かれます。また、ヒョウタンは不老不死の八仙の1人、李鉄拐(りてっかい)が持っているシンボルでもあります。ヒョウタンから発せられる渦巻状の香は肉体と精神を分離できるという彼の

ヒョウタンは健康運をもたらします

特別な能力を表しています。これはこのシンボルを取り巻く超自然的な神秘主義の表れと言えるでしょう。実際、ヒョウタンは道教および仏教の神々の世界でとても人気のある特別な付属物です。

これは、ヒョウタンの形が小規模ながら天と地の結びつきを象徴し、逆に、それゆえにその形になったと信じられているためでしょう。ヒョウタンは富の花瓶作りに最も好まれる形でもあります。上半分が天、下半分が地です。家の中や周囲に乾燥したヒョウタンを飾るのは縁起が良いでしょう。家にたくさんの祝福があり、こういった神聖な神々が訪れることを示唆します。多くの寺社がたくさんのヒョウタンで飾られているのもやはりこういった理由からでしょう。

上に示されているヒョウタンのデザインは、1万年の春を示唆しています。ヒョウタンに大勢の子供が描かれている場合は、1万世代にわたって男子の子孫に恵まれることを意味します。また、桃や長寿のシンボルが描かれている場合は、長寿の家長が1万世代にわたって続くことを意味します。言い換えれば、ヒョウタンは他の幸運のシンボルが示す幸運の意味を強め、大きくするのです。また、ゴールドの小さなミニチュアのヒョウタンを首まわりにつければ、有害な影響を受けたり事故にあったりするのを防ぐと言われています。ゆえに、これは強力な長寿のシンボルになります。

不老不死の8人——八仙は道教における不死のイメージです

八仙は道教の伝説に登場する卓越した存在です。男性6人、女性2人から成る八仙は様々な時代を生きたとされています。伝説では、八仙はそれぞれ異なる状況下で不老不死の命を手に入れましたが、全員が不老不死の桃と美酒を口にしたと言われています。八仙はあまねく長寿と幸運のシンボルであると考えられています。その幸運の特性を象徴するために、花瓶や壺など、磁器に描かれることもしばしばです。また、皿に描かれることもあります。たいていは8人が一緒に水を渡る様子か、1人が自分のシンボルを振るう様子が描かれます。象牙、木、ブロンズに彫られることもあります。中国の伝統を学ぶ人たちは、中国に仏教をもたらし各人それぞれが固有のシンボルを持っていた十八羅漢と八仙を比較することもあります。

八仙と十八羅漢はともに超自然的な力を持ち、魔術を行うことができると言われています。絵画や彫像など、家にこういったシンボルが存在する場合、それは家族に健康、幸福、一般的な幸運を授けると信じられています。画家や工芸家のテーマとしてとても人気があるのはそのためです。八仙はそれぞれ人生における特定の状況を表し、それぞれ意義深い能力や力を表すシンボルを持っています。家に単独で飾るなら、各人が意味するものを理解すると有益でしょう。

八仙の長は漢鐘離(かんしょうり)で、一般に太った体、むき出しの腹、病人を回復させるの

2章 | 長寿のシンボル

八仙は
幸福、健康、
素晴らしい運を
授けます

に用いるう扇を持つ姿で表されます。漢鐘離は健康を象徴し、治療の力を持つと言われています。家に飾れば、そこに住む人々は健康に恵まれ、元気に長生きできるでしょう。

　2番目の仙人は張果老(ちょうかろう)で、竹筒のような形の楽器を持っています。時代の知恵があり、姿を消すことができると言われています。この仙人は賢人とみなされ、そのイメージは家長に知恵を授けます。

八仙は富と貧困、老人と若者、男性と女性、貴人と平民を意味します

　3番目の仙人は呂洞賓(りょどうひん)で、病人を支援する聖人とみなされている隠遁した学者です。呂洞賓は魔術の多くを仙人の長から学んだと言われています。剣を背負い、それを使って悪霊を打ち負かし、悪いエネルギーによって引き起こされた病気を切り離します。右手に持つ蝿払いは病気の治療に用います。家に飾れば、この仙人が悪霊や邪気によって引き起こされる病気から守ってくれます。

　4番目の仙人は曹国舅(そうこくきゅう)で、宋王朝の皇后の親戚であったと言われています。この仙人は貴人を意味し、官吏の衣装を着た姿で描かれます。シンボルはカスタネットで、左手で高く掲げています。これは彼の高貴な生まれを象徴するものです。この仙人は家長が認められ高い地位に就くよう導くと言われています。政治家や権力のある人生を願う人はこのイメージを家に招くべきでしょう。

　5番目の仙人は李鉄拐で、乞食のような姿をしていますが、超自然的能力の師匠であると言われています。

　6番目の仙人は韓湘子(かんしょうし)で、フルートで美しい音を奏でます。これによって周囲に幸運の気を引きつけるため、彼がいると、あらゆる動物、虫、植物が豊かに生長します。韓湘子の特別な能力は、植物を即座に開花させることです。背中に背負っている袋の中にはたくさんの植物が入っています。

2章 | 長寿のシンボル

　7番目の仙人は藍采和(らんさいわ)です。花かごを持つこの仙人は女性らしい精神の典型であると言われています。

　8番目の仙人も女性で、何仙姑(かせんこ)と呼ばれる神女です。彼女のシンボルは神聖な蓮と蝿払いです。家に置くと、女家長に有益です。

大きな幸運を招くには八卦の方向に従って八仙を置いてください

　風水におけるシンボルの利用については、道教の伝説から多くを借用しています。八仙は人生における大望の頂点を象徴するものです。八仙のイメージを家に置く場合、絵画に8人一緒に描かれているものを飾るか、あるいは8方向に従って個々に飾ってください。不死の八仙はそれぞれ一方向を意味すると言われています。つまり、エネルギーを高めたい方向に一致するものを置くべきです。下の表に従ってください。

数	名前	方角	要素	シンボル	特別な恩恵
1	漢鐘離	東	木	うちわと桃	長寿と尽きないエネルギー
2	張果老	北	水	竹のフルート	子供のいない夫婦:妊娠するよう寝室に置くこと
3	呂洞賓	西	金	剣と蝿払い	病気治療、学問の幸運
4	曹国舅	北東	土	カスタネット	権力を求める人に運を授ける
5	李鉄拐	南	火	ヒョウタンの瓶	知恵を授ける。八仙で最も強力
6	韓湘子	南東	木	フルート	治療のエネルギー
7	藍采和	北西	金	花かご	健康と教育
8	何仙姑	南西	土	蓮	家族と結婚運

社会的成功に近づくために不老不死の植物を飾ってください

あまり広く知られていませんが、一般に霊芝と呼ばれる不老不死の植物は不死の命を約束するだけでなく、急速な成長にも役立ち、社会的な成功運をもたらします。基本的に、政治やエンターテイメントに関係する仕事に就く人々には素晴らしいでしょう。実際、霊芝は中国の古い書物でもしばしば言及され、鹿や鶴などの長寿のシンボルの絵画には常にこの植物が描かれています。

霊芝

外見上、霊芝は植物です。伝説によれば、聖なる島にある山の斜面で育つとされています。水中に生える草に似ており、楕円形で先がとがっています。この不死の植物は、茹でて水と一緒に飲めば円熟した晩年が送れると言われます。また、書物によっては、軸とかさを備えたキノコの1種と記されています。こんな力のある植物を実際に入手できれば素晴らしいでしょう。しかし、絵画に描かれたり、家具に彫刻されたこの植物のイメージも、やはり長寿や、幸先のよい上向きの運をもたらすと言われます。この植物のイメージが家の祭壇に彫られると、そこに住む人々は健康で長生きできると考えられています。同様に、コウモリや魚といった繁栄のシンボルが彫られると、家族は大きな富を得られます。

他に不老不死の霊薬としては、道教の錬金術師が呪術による不老不死を主張し、伝説となっている神秘的な混合物があります。たとえば、朱色の辰砂（しんしゃ）は不思議な特性を持つと言われます。辰砂に書かれた吉兆の文字は並外れて風水を高める力を持ち、辰砂に書かれた厄除けの言葉は個人を守る魔法のお守りになると言われています。また、辰砂は長寿を約束し、辰砂の井戸の水は寿命を引き伸ばすのにとても役立つと言われています。

私たちは、朝鮮人参にも寿命を引き伸ばす特性があると信じています。その結果、かなりの種類の朝鮮人参の根が信じられないほどの高値で売られています！ とんでもない噂ですが、大部分の中国の指導者の任期が長いのは、中国の指導者は素晴らしい魔法のような力のある朝鮮人参を手に入れるためだと言われています。最後に、物語に名高い長寿の霊薬に真珠母の粉末があります。中国人はこの物質の吉兆の特性を強く信じています。真珠母で作った霊芝の装飾のある家具は家に幸運をもたらすと言われています。

2章 | 長寿のシンボル

西の女王は
人類のあらゆる大望を
象徴します

　西の女王は西王母として知られています。5人の優美な侍女を従えて描かれることが多く、たいていは孔雀か鳳凰に座り、凝った頭飾りをつけています。西王母は鶴をはじめ様々な鳥とともに描かれることもしばしばです。鳩は伝令の役割を果たしました。主な侍女は2人で、1人は不死の桃の椀を持ち、もう1人は大きな扇を持っています。西王母は神聖な崑崙山脈にある広大な庭付きの宮殿に住んでいました。美しく手入れされた敷地内では様々な魔法の植物が多数育っていたと言われ、3千年ごとに花を咲かせ、実をつけるという伝説の桃の木もその1つです。その桃を食べた者は不死の命を得たということです。

　西の女王は絵画や屏風の題材としてとても人気があり、西王母のイメージは、見事な筆致で書かれた家庭に大変な幸運をもたらすと言われる幸運の詩句とともにしばしば描かれます。

　15年前、私は家に比較的古い西王母の屏風を飾っており、風水師を昼食に招くたびに、極めて好ましいコメントをいただいたものでした。風水師はみんな、声を上げてその絵を認め、その屏風にある吉兆を表す漢字について解説してくれたものでした。後に、私はこの屏風を仲のいい友人の息子さんの結婚祝いに贈りました。

　西の女王は、偉大な名誉、富、名声に満ちた広く認められる長い人生をはじめ、多くの良い事柄を象徴します。西の女王は、家に優秀で従順な息子をもたらします。家族はまとまり、兄弟はつまらない口論などせずに良い関係を楽しみます。西王母のイメージは、鳳凰か孔雀に引かれる大きな馬車に座り、優美な侍女たちとともに描かれているものがベストでしょう。香港、台湾、中国で西の女王が描かれた屏風を見つけるのは難しいことではありません。屏風は玄関ドアの近くに置きましょう。

崑崙山脈は
ヒマラヤに近い中央アジアの
どこかに位置すると言われる
伝説の地域です。
ヒンズー教の神々の聖地と
言われるカイラス山に
なぞらえられることもあれば、
宝石の木が豊富に育つという
仏教の聖なる山、
須弥山にもなぞらえられます。

長生きの気を生み出すために リビングルームに 長寿の書をかけてください

　中国人は常に書を尊重してきました。書は筆を用いて巧みに文字を描く芸術であり、体力、精力、本質的な気(特別な生命のエネルギー)がうまく紙に転写されたものです。風水の見地から見ると、書は活動中の良い人間の気の表れだということになり、これが環境の気とうまく調和すれば、幸運がもたらされます。書は、カンフーの熟練者や藁紙に良い気を転写する能力のある専門家が文字の形で描いた作品です。従って、書は良い風水の表れであると考えられます。書かれた文字が吉兆か様々な種類の幸運を暗示する言葉であれば、いっそう縁起がいいでしょう。つまり、流行の書をかけるのはたいてい良い風水とみなされます。頻繁に書に描かれる最も人気のある言葉の1つは、長寿を意味する言葉です。ここには同じ言葉を描いた3種類の文字を紹介しています。これは書ではありません。むしろ文字を様式化したものです。読者の皆さんが中国美術、衣服、装飾的なシンボルなどでこの文字に出くわしたときにそれと気づくことができるよう願いましょう。また、この文字の書を探し、家長の寝室にこういった書をかけるのも良いでしょう。

　長寿のシンボルを彫刻した家具は年配の人々に人気です。ダイニングテーブル、コーヒーテーブル、デスク、ベッド、食器棚などにこういったシンボルをつけることを強くお勧めします。下のキャビネットは真珠母貝と吉兆の長寿の文字を装飾として施した家具の一例です。このような長寿のシンボルが装飾として彫刻されている家具は、特に人気があります。これは、長寿の本質が単なる長い人生ではなく、家族の健康と調和と幸福でもあるからです。

3つ星の神、福禄寿は大きな幸運をもたらします

　道教文学の多くは、天文学者が大熊座や北斗七星と名付けた北の空で輝く星座を形作る7つの星に言及しています。この7つの星からなる星座は天の神々を表すと言われ、それぞれが幸運の1つを表しています。とはいえ、幸運のシンボルの世界では、7つの中でも3つの星の神が特に際立っています。これらの神々は最も重要な3つの幸運を象徴し、3人合わせて福禄寿と呼ばれています。

　最初の星の神は普遍的な長寿への願いを表し、霊薬の入ったヒョウタンのついた杖状の物を持つ長寿の神(寿)の姿で象徴されます。寿はたいてい松の枝の間に白い鶴を伴っています。寿は上のように右に置かれます。

　2番目の星の神は権力の神(禄)です。禄は政府高官の権力を表し、左手に権威を示す笏を持っています。権力の神は常に中央に立っています。

　3番目の星の神は普遍的な富への願いを表し、収入を高めます。収入と繁栄の神(福)は商人の赤い衣装を身にまとい、子供を連れています。福は上の図のように左に置かれます。

　3つの星の神を一緒にすると、健康、富、幸福を象徴すると言われます。つまり、長寿、繁栄、権力ということです！福禄寿は、家全体に吉兆の気を作り出すと言われているため、ダイニングの高いサイドテーブルに置くべきでしょう。オフィスなら、力強い支援と幸運をもたらすよう、あなたの後ろに置きましょう。

3章
愛や恋のシンボル

東洋の占星術と五行の要素の風水を結びつけることによって、愛の生活を活気づけたり、友情を高めたり、気の進まない恋人をその気にさせたり、夫婦の幸せを活気づけたりするために、効力のある愛のシンボルを利用できます。愛のシンボルの潜在力を発見してください。

　ペアのオシドリを置き、傾いている結婚生活に愛が戻るのを見守ってください。特別な関係の相手との恋心を高めるために美しい牡丹の絵をかけるか、牡丹を飾りましょう。また、結婚のいっそう大きな喜びを得るためにダブル・ハピネスのシンボル（双喜紋）を身につけましょう。気にかかる重要なサインを発見し、活気づけてください。光の使い方を学び、クリスタルを飾りましょう。また、生活に愛をもたらすために、特別にデザインされた美しいダイヤモンドのジュエリーを身につけてください。

3章　愛や恋のシンボル

**風水では、
愛や恋が意味するのは常に、
幸せな結婚をし、
聡明で幸せな
大勢の子供たち、
特に家の名前を継ぐ
大勢の息子に恵まれる
家庭生活を送るという
幸運です。**

つまり、愛を活気づけるシンボルはすべて、未婚の独身男女に結婚の機会をもたらすものであり、愛、2人の責任ある関係、配偶者間の誠実さを高めるものです。恋愛運を活気づけるために夫婦の幸福のシンボルを利用するのは、永久的な責任ある関係を求める気持ちを暗示しています。風水的家族観では、浮気な関係をほのめかすものはありません。結婚は神聖なものとみなされます。現在わかっていることですが、不貞は実際に存在しなかったのでした。

昔の中国社会は一夫多妻制でした。男性はしばしば多数の妻や内妻を持ちました。ですから、愛のシンボルを選んで飾るときは気をつけなければなりません。愛のシンボルは飾りすぎないようにする必要があります。さもないと、男性が浮気っぽくなるかもしれません。また、外部の第三者が夫婦や恋人同士の間に割り込まないよう、簡単な防衛手段をいくつか知っておく必要があります。

結婚前は、愛を活気づけることで結婚の機会がもたらされます。ですが、夫婦間の永久的な夫婦関係を保証するものではありません。

つまり、風水は男女の結婚の機会を引き寄せるのを助けるかもしれませんが、結婚相手の質は保証できないということです！

また、結婚をあらわす方角にたまたまトイレがある場合、トイレに愛のシンボルを飾ると、2人の関係に悪運をもたらす可能性のある最も不似合いな相手を引き寄せるかもしれない、ということを知っておくと有益でしょう。一般に、結婚と恋愛の方角は女家長の卦、坤にあたり、これは家の南西になります。方位磁石を使って家の南西を確認してください。もし家のこの方角にトイレがあるか、あるいはこの方角が欠けているとしたら、独身者の結婚の機会に深刻な悪影響があるでしょう。寝室の南西、あるいはリビングの南西を探し、愛のシンボルで活気づけてください。トイレ内の気は活気づけないでください。

結婚後、夫婦の幸福は天運やカルマにかかっています。しかしながら、結婚のカルマは風水に従って家族調和のシンボルを的確に飾ることで大いに高めることができます。これには大勢の息子に恵まれることを意味するシンボルを必ず組み込みましょう。というのは、これが幸福の主要な決定要因と考えられるからです。従って、本書のこの章では、家族の調和を強めるシンボルや、大勢の子孫、特に男子の子孫を確実にするシンボルも紹介していきましょう。

ハートは普遍的な愛のシンボルです

結婚の機会を生み出すオシドリ

オシドリは恋人たちのシンボルとしてよく知られています。ペアで置くと、恋人たちが夫婦になるのに極めて効力のある気を生み出します。実際、ペアのオシドリは結婚の幸福の最も有力なシンボルでしょう。愛の生活を活気づけたい人は、本当にこういったオシドリのイメージを手に入れるべきです。

しかし、木を彫って作られたオシドリは避けるのがベストでしょう。というのは、木は、活気づける必要のある要素である土と衝突するからです。"小木"なら問題はありませんが、彫刻のオシドリは普通、"大木"の要素（たとえば、大きな木の木材）で作られます。このため、私は普通、愛を探している独身の友人にはペアのオシドリの絵を飾るか、貴石でできたオシドリの彫刻を見つけるよう勧めています。

これは逆に、南西の卦、坤を強力に活気づける土の要素を強めるでしょう。坤は結婚を助けます。坤が属する南西は、恋愛や結婚を意味する方向でもあります。つまり、リビング、寝室、あるいは家全体の南西方向にペアのオシドリを　置くと、愛と結婚の気が活性化するのです!

貴石の中で最も有力なのは、赤い碧玉、紅玉髄、アカサンゴでできたオシドリです。この3種類の中では、碧玉が最も安価で、最も好ましいでしょう。これは、碧玉の色が南西のコーナーに非常に好ましいためです。2つ目の理由は、碧玉には微小な鉄が含まれ、これが石自体を大変強力にすることです。実際、碧玉で作られた吉兆のシンボルのほとんどは潜在力を増しています。これは、家の土にあたる場所にふさわしいシンボルに特に当てはまります。

雁は離れることのない結婚状態を意味します

オシドリは夫婦の貞節を象徴すると言われますが、共に高く舞い上がるペアの雁は離れることのない幸福な結婚を意味します。つまり、オシドリは結婚を望み、ふさわしい相手と交際しようとしている人々に適したシンボルですが、すでに結婚している人々はペアの雁を飾ることを考えるべきでしょう。

ペアの雁は夫婦間が引き裂かれることのないとても幸せな結婚が続くことを約束します。もしあなたが新婚で、仕事で2人がすれ違いがちなら、空を飛ぶ2羽の雁を描いた屏風を置くか、あるいは空を飛ぶ2羽の雁のイメージを探してリビングの南西の壁に飾ってください。幸せな関係に役立ちます。美しい羽毛を持つこういった鳥はつがいの一方を恋い慕うと言われます。とても強く結びついているつがいの鳥は、おそらく

オシドリは長く続く結婚を象徴します

片方がいなければ決して飛ばないでしょう。

　雁は男性の若いエネルギーを象徴するとも言われ、幸運のシンボルとなっています。冬、雁は本能的に暖かさを求めて南に向かって飛びます。渡り鳥である雁は冒険の精神を表します。しかし、決して1羽では飛びません。常にペアで飛びます。結婚や婚約の贈り物としては、幸せな夫婦が常に一緒にいられるようにという願いを象徴します。雁は誠実な生き物です。雁が別の相手とつがうことはありません。この性質のため、雁は不朽の愛のシンボルでもあります。死別した愛する者の思い出に忠実に生きる人々は、雁の精神の化身であると言われます。

　オシドリや雁の代わりになる鳥としては、ラブバードと呼ばれるセキセイインコがあります。この鳥はミニチュアオウムと呼ばれることもありラブバードと呼ばれるのは、この鳥がつがいの相手と極端なまでに一緒にいるためです。セキセイインコが単独でとまっていることはまれです。飛ぶときも一緒です。風水のシンボルを入手できない場合、この西洋のラブバードが素晴らしい代用品になるでしょう。

　どの鳥を利用する場合でも、決して単独で置いたり、2羽を離して置いたりしないということを覚えておいてください。また、2羽以上は飾らないでください。2羽以上置くと、関係が複雑になり、悲嘆に暮れることになるかもしれません。リビングエリアあるいは寝室の南西に置き、常に光がよく当たるようにしてください。

セキセイインコ

ダブル・ハピネス
双喜紋は結婚運を確実にする"マストアイテム"です

　中国には夫婦の幸福を表すシンボルが多数あります。ですが、家にどのシンボルを飾る場合でも、幸福の気は、喜びという言葉を2倍にすることで大変効果的に生み出されます。つまり、最も強力で広く認められている夫婦の幸福のシンボルはダブル・ハピネス、双喜紋です。この双喜紋は夫婦のベッド、椅子など、寝室の家具に彫刻されます。また、

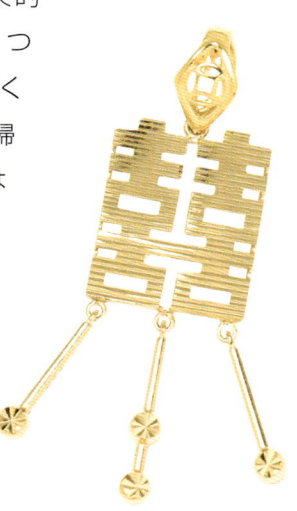

結婚式の日に身にまとうシルクやブロケードにもプリントされます。さらに、結婚式に招く客への招待状にもこの双喜紋が浮き出すようにエンボス加工が施されます。

昔、迷信に基づく習慣や社会的慣行が忠実に守られていた社会では、結婚の儀式は男性と最初の正妻との間で結ばれる結婚だけに限られていました。そのため、双喜紋も同様に男性の最初の結婚の婚礼家具や祝賀の会を飾るためだけに用いられました。後の2番目以降の妻との結婚はすべて"双喜紋"に値しないと考えられたのです。今はもうそんなナンセンスなことを考える人はいません。私はこの双喜紋で多くの家具を飾り、家中に幸福なエネルギーの調和した流れを生み出すのに成功しています。みんなが双喜紋を身につけ、この素晴らしいシンボルの潜在力を刺激するよう、双喜紋の指輪、イヤリング、カフリンクのコレクションをすることに決めたのもやはり同じ特質、同じ理由からです。

双喜紋を描いた書も、このシンボルを家に飾る手段として素晴らしいでしょう。これは、寝室のクアの法則に基づく個人の結婚のコーナーにあたる部分の壁にかけてください。こうすることで素晴らしい結婚の幸福の気がうまく生み出されるでしょう。

> クアの法則は個人の生年月日に基づいて割り出される吉凶の方角および方面を教えてくれます。

素晴らしい愛の生活のための牡丹（芍薬も含む）

牡丹は中国の花の女王です。牡丹は美、恋愛、若者の恋心を意味します。牡丹には美しい色が何種類もありますが、愛を象徴し、一般に最も評価され尊ばれるのは赤い牡丹です。家に赤い牡丹の絵をかければ、それは結婚相手に望ましい美しい未婚の娘がいることを意味します。

リビングに牡丹を飾ると、必ずその家の若い娘に利益があります。また、大勢の求婚者が現れるとも言われています。牡丹は娘たちを才気ある魅力的な女性にします。一説によると、白牡丹という雅号で知られる妖精は愛の技術に大変優れていたため、そういった快楽を求める人々の間で伝説になったと言われています。また、有名な愛妾、楊貴妃の美しさと愛の技術も牡丹になぞらえられました。

伝説によると、楊貴妃は住まいにたくさんの牡丹の花を飾り、これが彼女を求める皇帝の気持ちを変わることなくつなぎとめたそう

です。牡丹の存在が媚薬のような役割を果たしたのです！

寝室に牡丹を飾るのは、性的な（時には不義の）関係に誘い込むためです。ですから、既婚カップル（結婚10年以上の夫婦）には寝室に牡丹の絵を飾るのを思いとどまらせています。これは男性の性衝動を単に促進するもので、結婚生活以外の場所に"かわいい若い女性"を探すことになりかねないからです。

牡丹の絵や花瓶は必ずリビングに置くべきであり、その目的は、その家の娘、しかも家族と一緒に住んでいる結婚適齢期の娘にとっての利益であるべきです。娘が結婚して家を出たら、牡丹の絵画ははずすようお勧めします。

蝶は責任のない
活発な社交生活を
求める人々に向いています

蝶は若者の愛のシンボルです。この幸せな生物が、甘い蜜を集めて花から花へ飛び移る様は若者の楽しい社交生活を意味します。これは取るに足らない幸福であり、まだ結婚適齢期に達していない若い時期の生活を示します。ゆえに、蝶は真剣ではない恋愛を象徴するという人もいます。

蝶は一般に浮気な若い男性を意味し、社交生活を活気づける風水を作りたいけれども、まだ責任ある関係を築く準備はできていない人に適しています。従って、ロマンスはほとんどなく、楽しみが大部分という状況を意味するため、このシンボルの使用は女性には適しません。昔からそういった状況が合うのは女性よりも男性でしょう。

しかし、蝶が恋人同士の不滅の絆を意味するという伝説もあります。2人の若い恋人同士、1人は学者、1人は裕福な政治家の娘の物語が語り継がれています。2人は出会い、恋に落ちますが、女性の両親によって引き裂かれます。悲嘆に暮れた恋人たちはやがて亡くなり、死によって再びめぐり合います。2匹の蝶として生まれ変わり、蝶として永遠に結ばれるのです！

幸薄き恋人たちのこの有名な伝説の結果として、蝶は軽い恋ではなく永遠の愛を象徴すると主張する人々がいます。心底ロマンチックな人なら、家の南西のコーナーに2匹の蝶のイメージを置き、大いに利益を得られるかもしれません。

蝶が好きで、家に蝶を飾りたいという人のために、お伝えしておかなければならないのは、保存処理され木の板に留められた蝶の標本は大量の陰のエネルギーを発するということです。こういった蝶は観光客用のみやげ物として売られていますが、これは実は蝶の死骸です。実際に死んだ蝶であり、死を表します。ですから、これを飾るのは少しもいいアイデアではありません。

吉兆を表す花が主体で1部

3章 | 愛や恋のシンボル

に蝶が飛んでいる絵をかけるほうがはるかに好ましいです。これは人生の概念を伝えるものであり、飛ぶ蝶は陰ではなく陽のエネルギーを発します。

リュート
——夫婦の幸福を意味する弦楽器

　中国の弦楽器(リュートに似ています)は、易経の創始者であり最初の著者である伝説の皇帝、伏羲の時代までその歴史をさかのぼると考えられています。これは琴と箏という名で知られる7弦と25弦の楽器です。この楽器はとても調和した音を生み出すため、夫婦間の申し分ない結婚状態を表すと言われます。ゆえに、結婚の幸せの象徴となっています。

　この弦楽器の音は夫婦間の性的喜びだけでなく、もっと重要な家長と女家長の友情をも示します。この弦楽器の美しい音は清廉で温和な空気を生み出すため、この楽器自体が家庭生活の調和と幸福を象徴するようになりました。琴の音は調和を生み出し、箏の音は松の木のざわめきを思い出させるような静かな抑制を喚起すると言われています。これらは誠実な思いを生み出す幸福の音なのです。

　昔の伝統的な弦楽器はフェニックスの木でできていたと言われています。弦楽器の製作にあたっては、使用する木材を儀式的に水に浸し、サイズが測られました。本来、こういった弦楽器は5弦で、5つの音を出し、五行の要素に対応していました。後に、それが7弦に増えました。

　弦楽器は実は、8つの特性があると考えられています。すなわち、幸福、優雅、甘美、機微、郷愁、柔和、共鳴、力です。これらは夫婦および家族の幸福を表す性質です。この楽器を演奏する女性の絵をかければ、それが生み出す雰囲気が大いに役立つことでしょう。

　最近では、フルートも同様に夫婦の調和のために吉兆であると考えられるようになっています。そのため、伝統的なシルクやブロケードの衣装を身につけた中国のフルート奏者の絵に人気が出てきています。この関連からすると、陳逸飛(チェン・イー・フェイ)の素晴らしい絵はおあつらえ向きでしょう。

　私にはチェンの絵を買う余裕はありませんが、チェンの絵にならい、美しい乙女が演奏する楽器を描いた中国の油絵は多数あります。リビングにこういった絵を飾るのはとても縁起がいいでしょう。

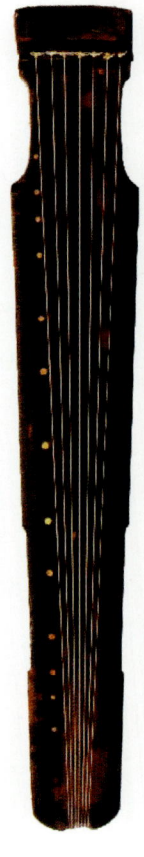

カササギは喜びと良い兆しを表す鳥です

神聖なカササギは、中国における明の支配者の敗北と清王朝の設立に関する昔の満州人の伝説の中で重要な役割を果たしています。

そのため、満州人は何世紀もの間カササギを不思議な鳥と考えていました。中国語のカササギを文字通り訳すと喜びの鳥となり、家にカササギが巣を作ると、祝い事や幸福が多くもたらされると一般に信じられています。身を落ち着けたいと願っている人はその機会が見つかるでしょう。恋愛や結婚がしたいと願っている人はそれが叶うでしょう。また、子供を持ちたいと願っている人もうまくいくでしょう。カササギは幸福の機会をたくさん作り出します。また、喜びをもたらすだけでなく、良い兆しを表す鳥でもあると考えられています。

裕福になりたいという計画を思い描いているとき、新しい仕事をする作戦を考えているとき、あるいは、新しい冒険を始めるとき、もし突然カササギを見たら、それはうまく目標に到達できるしるしであると言われます。従って、家にカササギのイメージや絵画を置くのはいいアイデアです。これはあらゆる計画の成功を意味します。

カササギは少しカラスに似ていますが、カラスより小さく、体の下は真っ白です。マレーシアでは、カササギは黒というより茶で、くちばし近くに白い斑点があります。かなり忍耐強い人なら、カササギに言葉を教えることも可能です。

ただし、カササギは良い兆しを表す鳥ですから、とらわれの状態にしないでください。どんな鳥でもとらわれの状態にすると家に不吉な気を生み出すので、やめてください。鳥かごで飼うのは飛べない状態を象徴するため、極めて不吉です。この種の気が影響すると、仕事で成長したり発展したり上昇したりする能力が深刻なまでに制限されます。吉兆であるとされる幸運の鳥は、他に雄鶏、孔雀、フラミンゴ、オシドリ、雁、鶴があります。家の南方向にこういった鳥のイメージを置くと、家族に調和がもたらされます。

吉兆の文字が書かれた紙の提灯は生殖能力のシンボルです

提灯がつつましい住居に吉兆の光を投げかけて住空間のエネルギーを高め、家族に大きな喜びの機会をもたらすという話を描いた美しい物語は多数あります。吉兆の文字が書かれた提灯や美しいシンボルで飾られた提灯は常に生殖能力の表象とみなされます。たとえば、新婚夫婦のベッドの下には早く子供を授かるようにと、しばしばランプが意図的に置かれたものでした。こういったランプは子供ランプや孫ランプと呼ばれました。

また、新郎新婦のベッドの両側に1つずつ、2つの赤い提灯がかけられることもありました。この明かりは同時に灯され、同じ速度で

3章　愛や恋のシンボル

縁結びの神に加護を祈り、恋愛のために明るい朱色の光を利用してください

　中国の縁結びの神は(はい、縁結びの神はいます。ですから、独身の方は勇気を持ってください!)月下老人と呼ばれ、老人の姿をし、月に住んでいます。月下老人は人間の結婚をつかさどると信じられています。彼は、目に見えないシルクの赤い糸で象徴的に男女の足を結ぶことによって地上で夫婦になる可能性のある2人が結ばれるのを確認すると言われています。

　こう信じられていることから、中国の結婚式では新郎新婦が赤い糸で結ばれた酒盃で酒を飲み、結婚の誓いのしるしとするようになりました。従って、家の恋愛運を活気づけるには、満月の絵を飾るのが妙案でしょう。こういった絵は実際、陰の中の陽を意味します。また毎月15日は、心の問題に関連するあらゆるプロジェクトに着手するのに最も縁起のい

燃え、同時に消えたら、長い幸せな結婚を示唆する吉兆のしるしと考えられました。

　提灯にはしばしば双喜紋が描かれましたが、そのデザインは様々でした。こういった提灯は、受胎と男子出産に導く貴重な陽の気を引きつけると信じられていました。妻が妊娠すると、明かりは毎晩灯されました。

　提灯は一般に吉兆のシンボルであると考えられ、毎年、提灯祭りとして特別な祝日が設定されました。これは中国の1月の15日目で、太陰暦の正月の祝賀の最終日に当たります。2番目の提灯祭りは太陰暦の7月7日に催され、その間に天の美しい7人姉妹が地上に降りてくると言われています。この夜、7人姉妹は提灯の灯る家々を通り過ぎ、その日に祭壇で灯される特別芳しい線香の灰と混ぜる魔法の月の粉を少し落として行くのだと私の母はよく話したものでした。この魔法の月の粉は未婚の乙女の美しさを高め、ハンサムな夫を引き寄せるのを助けたのだそうです!

　天の7人姉妹を家に引き寄せるために、このページに紹介しているような提灯が家の玄関ドアのそばにかけられたものでした。

い時となります。月下老人は、家の南西の方角に置くと恋愛には最も吉兆であるとも教えられました。しかしながら、この縁結びの神についていろいろ話は聞いているものの、私自身は一度もそのイメージを見たことがないため、どんな神であるかは知っていても、かなり調べてみたにもかかわらずその画像を提供することはできません。

もっと現実的かつ実際的な案としては、南西に朱色を多用し、このコーナーの火のエネルギーを活発にする方法があります。風水を実践している人なら誰もが知っているように、赤は常に幸福と喜びの色です。従って、恋愛運や結婚運を活気づけるには、朱色の強いカーテン、壁紙、カーペットを取り入れてください。

五行の創造サイクルでは火の要素である朱色は土を生み出すため、これは、陽が強力に存在することと相まって、南西をうまく活気づけるはずです。これは家の寝室ではなく、リビングで行ってください。寝室に陽のエネルギーが強すぎると、夜間良い睡眠を取るのが難しくなります。

好みによって、リビングエリアの南西は、赤くする代わりに明るい照明を置いても同じ効果が得られるでしょう。照明も陽のエネルギーを示唆するため、その方角の地のエネルギーを活性化する素晴らしい方法です。毎晩、少なくとも3時間照明をつけてください。風水では火のエネルギーは常に強力にエネルギーを高めます。光を多用しすぎないということも覚えておく必要があります。また、光は北西および西の方角にはあまり良くないことも理解しておきましょう。

良い子孫運と多くの息子に恵まれるよう願う龍

昔、結婚祝いの儀式の1つに龍踊りがありました。これは子孫繁栄、つまり家名を継ぐ大勢の息子に恵まれることを願って行われました。実際、結婚生活に関連する結婚および幸運の儀式の大多数が息子の誕生を願う思いと結びついています。裕福な家は頻繁にあらゆる手をつくして、家の風水が確実にこの大望にかなうようにしたものでした。

現代人の感情的傾向を考えれば受け入れられないと思われる習慣の1つに、花嫁が初めて夫の家庭に入るとき、赤々と燃える炭の上を鍋に乗って運ばれるというものがありました。炭は玄関の敷居に置かれ、花嫁は夫と子供がまだ生きている2人の女性によって運ばれることになっていました。この儀式は花嫁が無事に出産することを確実にし、さらに出産の際の合併症で亡くなることがないよう祈願するものでした。

新婚夫婦の寝室では、夫婦の陽のエネルギーを活性化するために、一家の女家長が新婚夫婦のベッドで龍の年(辰年)生まれの幼い男の子を3回転がすことになっていました。双喜紋の入った提灯がかけられ、カーテンには多くの子供のイメージが刺繍されました。こういった儀式は夫婦が確実に結ばれ、子供に恵まれるためでした。最も重要なのは龍のイメージが家にあることです。龍の息子を示唆するため、九龍のイメージが好ましいでしょう。

右ページ上のパールを持つ龍のイメージは、多くの息子に恵まれるよう、出産期間中寝室に置いてもいいでしょう。

人生のパートナーを探しているときは、家の陰陽バランスを確実にしてください

　良い風水は居住空間の陰陽の力のバランスをとることだというのは一般に知られている事実です。あまりわかっていないのは、これをどう解釈し、適用するかということです。アマチュアの人は何が陰で何が陽か、どうやって見極めるのでしょう？どうやってうまく正しい陰陽バランスを取るのでしょう？

　陰陽の標準的なリストはとても簡単です。たとえば、太陽、物音、白、赤、黄、奇数、男性、明かり、天、火、熱、肯定的な力、生と関係することは、陽の力を表します。月、静寂、黒、暗闇、女性、沈黙、偶数、地、水、冷気、否定的な力、氷、死は、陰の力を表します。

　風水の位置づけでは、これが少しだけ複雑になります。盛り上がった地形(山)は陽ですが、隆起した地形が連なれば陰であるとされます。谷や川は陰だと言われますが、人が谷に住み着き町ができれば、陽の性質を帯びるとも言われます。陰陽は常にその力を変えています。この根本的な力の相互作用は動的で絶えず変化し、静止することはありません。この原理を家まわりの風水に適用しなければなりません。役に立つガイドラインとしては、特性が正反対に見える構造、デザイン、物体を取り入れることでしょう。たとえば、土地の高さとしては平地と丘陵地の両方が含まれているべきです。光と水、豊富な色が存在するべきです。日光が当たり、陰ができ、月光も降り注ぐべきです！

　家の中でも陰陽両方の力が存在しなければなりません。家が極端に陽であれば、男性のエネルギーが強大になると考えられます。そういった家は家族としての成長を陰で支える女家長のエネルギーを欠くことになります。壁から床まで過度に赤が強すぎるとき、光が明るすぎるとき、家のあらゆるものが男性のエネルギーを示しているとき、音のレベルが高いとき、家は過剰な陽に苦しむと言われています。これはアンバランスを引き起こします。

　陰が強すぎる家は普通、明るさが足りません。壁は暗く、装飾は地味です。家の中の生気が不十分です。また、女性のエネルギーが強すぎると、家は過剰に陰になります。そういった家は普通、良い風水を引き寄せるのに苦労します。家族運も欠落します。そういった家に住む独身者は夫や妻を見つけるのが難しかったり、良い社会生活が営めなかったりするでしょう。

独身女性なら、家の男性的な陽のエネルギーを強めてください

　1人暮らしの独身女性で恋愛や結婚を求めているなら、住まいの男性的な陽エネルギーを高

3章 | 愛や恋のシンボル

める努力を本気でするべきでしょう。その方法の1つは家を十分明るくすることです。リビングと寝室の南西のコーナーに明るいランプを置きましょう。また、家にかけられている装飾品はすべて強力な男性的エネルギーを表すものであるべきです。

男性ヒーロー、映画スター、歌手の写真をかけましょう。皇帝の写真でもかまいません（右の絵は清王朝の康熙帝です）。実のところ、あなたの理想とする男性を十分表しているイラスト、絵画、写真で、あなたの好きなライフスタイルやバックグラウンドに合うものならどんなものでもいいでしょう。ただし、壁の陽が強くなりすぎないようにしてください。

時として、カップルを描いた愛や恋を示唆する絵画を飾ることで、エネルギーのバランスが取れていることを表すこともあります。家の中をたくさんの音楽で満たしてください。これは、良い生のエネルギーをもたらします。また、装飾のバランスを取るために、物はペアで飾ってください。過剰な陰を表す装飾は避けましょう。つまり、暗い色は避けてください。ミニマリズム的装飾はお勧めしません。ベージュ主体の日本的な色合いもそうです。こういった色合いは陰の気を示唆するからです。黒い家具やカーペットは常に強い照明でバランスを取るべきです。照明は目にまぶしいほど強くするのではなく、部屋が十分明るくなる程度に強くしてください。

大事をとって、こういった陽を活気づけるアイデアはリビングで実行し、寝室では行わないでください。寝室は陽になり過ぎないように気をつけなければなりません。陽が強すぎると、愛を求める際に攻撃的になりすぎたり、あなたから発せられる気が強力になりすぎたりして、男性が逃げてしまうからです！

たとえば、寝室を赤にペイントしないでください。また、未婚なら、寝室に龍を飾るべきではありません。陰陽の原理では、女性は普通受動的で従順であり、決して攻撃的ではないということを覚えておいてください。

従って、会社で成功するタイプの女性であっても、夫を探している場合は、陰陽の原理に従うほうがいいでしょう。家の陽のエネルギーを活性化する一方で、あなた個人の風水は女性の陰の原理を反映しているべきだということを覚えておいてください。

独身男性なら、住まいの陰のエネルギーを活性化してください

　身を落ち着けたいけれどもぴったりの女性が見つけられないという独身男性は、1人暮らしの住居を風水的に分析したいと思っているかもしれません。一般に、独身男性の居住スペースは非常に陽で男性的なものであり、女性の気が失われるか、不足しているものです。女性のエネルギーを表すものがない独身男性のアパートを見たことがあります。壁の絵は船、銃、陸軍や海軍のヒーローで、机の上にあるのは男性向きの高級な品ばかりです。ペーパーウェイト、ブリーフケース、灰皿、煙草入れのような物はたいてい男性好みの男性的な強さを感じさせる素材で作られ、デザインされています。同じように、住空間にも陽のエネルギーが過剰に見られます。

　女性を近づけたければ、女性のエネルギーを取り入れるのが一番の方法でしょう。女性のエネルギーと関連するシンボルは、女性の彫刻、肖像写真、絵画です。女性の姿を描いた美術品をかけるのが妙案でしょう。ただし、女性を描いた古い絵画は飾らないでください。また、『紅楼夢』のような中国古典文学の一場面を描いた古い絵画もかけるべきではありません。こういった物語に登場する女性の多くはあなたが結婚したいと思うような女性ではないからです。その多くは一時的な楽しみのために男性を惑わす女狐や妖婦です。疑うことを知らない学生を誘惑するために美しい女性に姿を変えた白蛇の伝説を思い出してください。風水の恩恵を得るために美術品をかけるなら、古い絵より新しい絵のほうが常に好ましいでしょう。ただし、古い絵の確かな由来を知っている場合は別です。これは家具にも当てはまります。

　美しい女性や恋愛を意味する花は象徴的な存在になるはずです。飾るのに最も適した花は、夫婦の愛の強力なシンボルである牡丹です。結婚するカップルを意味する花もあります。水仙（太陰暦の正月に飾った場合、これはキャリアの運を素晴らしく高めます）、桃の花、蘭がそれです。水仙と牡丹を一緒に描いた絵は結婚が迫っていることを表し、蘭と牡丹は家族が親しい友人関係にある2人の間にロマンスが生まれることを象徴します。

牡丹

> 私が知っている50代の独身男性は20年以上もの間、龍と真珠母のデザインが彫刻された時代物のベッドで眠っていました。彼は自分が経営する会社で大変な成功を収めていました。お金はたくさんありましたが、愛や家庭生活はまったく存在しませんでした。ところが、わけあって新しいペントハウスに引っ越すときにそのベッドを手放しました。すると、6カ月もしないうちに女性の友達に出会い、一年もしないうちに、このどうしても結婚しなかった男性が結婚したのでした。本当の話かどうかって？
> ベッドを替えてみてください！

恋愛運を強めるクリスタルは南西にあたる場所に置きましょう

ここにある写真は3インチの高さのシトリンクリスタルです。色はかすかに黄みを帯び、空気が閉じ込められている様子は驚くばかりです。このクリスタルを入手してもう10年以上になります。これは地中から採掘されたいわゆる天然のクリスタルで、砂と鉛から作った人工のものではありません。底がカットされ、先端だけがとがっています。私は様々な風水の目的を達成するのにこのクリスタルをいつも利用しています。たいてい、関係する空間の南西に置きます。たとえば、家の机に置く場合は、机の上で南西にあたる場所に置きます。これは私の女家長としての運を活気づけます。社会生活をもっと活発にしたいと感じたときも、このシトリンをデスクの上に置きます。

私は恋愛を求めていないので、恋愛運を活気づけるためにこのシトリンを利用する必要はなく、寝室に置くことはありません。しかし、仕事場(家にいるときほとんどの時間を過ごします)の南西にあたる場所に置くだけで、クリスタルは南西の土の運によって調和の取れた良い家庭生活をもたらします。独身の人々にとって、この種のクリスタルを利用して寝室の南西を活気づけることは、恋愛、愛、結婚の機会を活性化する上で素晴らしいでしょう。できるだけベッド近くに置くのが好ましいです。

クォーツクリスタルやアメジストを使用したければそれでもいいでしょう。また、好みによって、なめらかな丸いものでもかまいません。成長中の植物と一緒に置くなら、寝室ではなくリビングに置くのがベストです。

なめらかな水晶玉(クリスタルボール)も素晴らしくエネルギーを高めるもので、実際、丸石より好ましいです。

水晶玉は人間関係運に優れています。また、ネットワーク運にも素晴らしく、あなたの人生に有力な人々を引きつけます。この種の運を活気づけるためには、水晶玉を6個置くべきです。同じサイズである必要はありませんが、これはリビングの北西方面に置くのが理想的でしょう。

恋愛の方位を知るためにクアナンバーの公式を覚えてください

恋愛や結婚運のために家や寝室の南西を活気づけるのに加えて、真剣な関係を改善したい(結婚やその他の関係に持ち込みたい)人は、クアの法則を覚えるべきです。これは"八宅風水の法則"の一部で、結婚運や恋愛運をはじめ、様々なタイプの運を活気づけるのに極めて効果的です。まずは、あなた個人のクアナンバーを決定する方法を学びましょう。

クアナンバーを決定する法則

太陰暦の誕生年を用い*、最後の数字2つを加えてください。1ケタの数字になるまで数字を加え続けてください。それから：

男性の場合： 2000年以前に生まれた場合、10からその数字を引いてください。2000年あるいはそれ以降に生まれた人は、9からその数字を引いてください。出た数字がクアナンバーです。

女性の場合： 2000年以前に生まれた場合、5にその数字を足してください。2000年あるいはそれ以降に生まれた人は、6にその数字を足してください。出た数字がクアナンバーです。2ケタになる場合は、1ケタになるまで足し続けてください。たとえば、数字が10なら、1+0=1、14なら1+4=5となります。

例1： 1957年8月28日生まれなら、5+7=12、それから、1+2=3。男性なら、10-3=7。クアナンバーは7です。女性なら、3+5=8。クアナンバーは8です。

例2： 1962年1月2日生まれの場合、この日は陰暦の正月より前ですから、誕生年から1引かなければなりません。1961を使ってください。従って、クアナンバーの計算は、6+1=7。男性の場合、10-7=3。クアナンバーは3になります。

女性の場合、7+5=12で、1+2=3。クアナンバーはやはり3になります。愛の方位を活気づけるためには、それがどの方位か知らなければなりません。愛の方位は延年方位です。これは下の表でチェックしてください。

クアナンバー	恋愛(延年)の方位	活気づける要素
1 (東グループ)	南	火と木
2 (西グループ)	北西	金と土
3 (東グループ)	南東	木と水
4 (東グループ)	東	木と水
5 (西グループ)	男性は北西、女性は西	金と土
6 (西グループ)	南西	土と火
7 (西グループ)	北東	土と火
8 (西グループ)	西	金と土
9 (東グループ)	北	水と金

* これは各年、太陰暦の正月より前に生まれた場合、誕生年から1を引かなければならないということを意味します(誕生日が必要なのは、これが一般に2月4日より前に生まれた人に影響するためですが、正確には190ページ〜の太陰暦カレンダーをチェックするのがいいでしょう)。

特別なシンボルで
延年すなわち恋愛の方位を
活気づけてください

　自分自身の恋愛の方位を活気づけるには、人それぞれ異なる家の方角を活気づけなければなりません。これは家にいる全員の人間関係運を高める普遍的な南西の方位に加えて行うべきでしょう。南西がみんなに利益をもたらすのは八卦の坤にあたるためで、坤は家族を結合力のある一団にするだけでなく、愛や恋の幸運も示します。

　独身者や結婚に少し風水の助けが必要な人は、この効力を増すために、クアナンバーに基づいて前ページの表をチェックし、個人の愛の方位がどこになるか知るべきです。一般に、寝室よりもリビングの愛の方位を活気づけるのがベストです。

金属のロッドが6本のウインドチャイム

　クアナンバーが1の人は家の南の壁や場所を活気づけるべきです。活性化する要素は火と木です。3つ提案しておきましょう。

- 南の壁を黄色、白、あるいは赤にペイントしてください。
- 赤い双喜紋の入った提灯をかけてください。
- 南の方角にペアのオシドリか雁を置いてください。愛を見つける機会を得るために、天空の生物、鳳凰を飾ってください。女性なら、よりカラフルな男性の陽の鳳凰を飾り、男性なら、女性の陰の鳳凰を飾ってください。あるいは龍と鳳凰を一緒に置いてもいいでしょう。

　クアナンバーが2の人は家の北西の壁や方角を活性化するべきです。強める要素は金と土です。3つ提案しておきましょう。

- ロッドが6本の金属のウインドチャイムをかけてください。
- 北西の壁をメタリックな色にペイントしてください。
- 北西の方角に真鍮あるいは陶磁器の花瓶を置いてください。

クアナンバーが3の人は南東の方角や壁を活性化するべきです。活気づける要素は木と水です。以下の提案を参考にしましょう。
- 深くて口の広い鉢に水を入れ、その水の中で小さなグリーンを育ててください。水は常に清潔にし、植物は健康を保ってください。
- 小さな水槽に泡立つ酸素を送り込み、金魚を2匹飼ってください。
- シルクの牡丹でいっぱいにした大きな花瓶を飾ってください。花は赤かピンクがいいでしょう。

やり過ぎないようにしてください。気の流れを促すには活気づけるシンボルは1つで十分です

クアナンバーが4の人は家の東の壁や方角を活性化するべきです。強める要素は木および水です。提案は次のとおりです。
- 健康な、花の咲く植物を飾ってください。
- 龍のイメージを飾ってください。
- 翡翠の装飾物を飾ってください。

クアナンバーが5の人は、男性は北西の方角や壁、女性は西を活性化するべきです。活気づける要素は金と土です。以下の提案をしておきましょう。
- ロッドが6本か7本のウインドチャイムを飾ってください。
- クリスタルの玉を北西なら6個、西なら7個置いてください。
- 月のシンボルを置いてください。

クアナンバーが6の人は家の南西の壁や方角を活性化させるべきです。強める要素は土と火です。提案は以下のとおりです。
- 天然のクォーツを集めたものを飾ってください。
- 小さなクリスタルのシャンデリアをかけてください。
- 明るい朱色のランプシェードのついた照明を飾ってください。

クアナンバーが7の人は家の北東の壁や方角を活性化するべきです。強める要素は土と火で、提案する内容はクアナンバー6の人と同じです。クアナンバー8の人は家の西の壁や方角を活性化するべきです。強める要素は金と土で、クアナンバー5の人と同様です。

- クアナンバーが9の人は家の北の壁や方角を活性化するべきです。強める要素は水と金です。提案は以下のとおりです。
- 泳ぎの速い魚（グッピーや金魚）をたくさん入れた明るく照らした水槽。
- 吉兆のデザインを施した金属の花瓶。
- 水の景色を描いた絵画。

愛のシンボルは中国のものでなくてもかまいません。愛を示唆するものはすべて気を生み出します

　中国のシンボルだけに効果があると考えるのは間違いです。自分の文化の中からも恋愛のシンボルは探せます。

　風水のシンボリズムはエネルギーの質と関係しています。一般に、信じる気持ちが強ければ強いほど、生み出されるエネルギーも強くなります。この理由から、依頼人に恋愛運を活気づける方法を尋ねられた風水師が双喜紋や鳳凰の代わりに赤いハートや西洋のラブバードを提案しても驚きではありません。

　この意味で、最も強力な愛のシンボルといえるのはロマンチックな絵画でしょう。これは性的刺激のある絵という意味ではなく、夫婦愛や家族の幸せを示唆する絵ということです。たとえば、グスタフ・クリムトの『キス』は私が大好きな絵ですが、この素晴らしい絵には激しい刺激的なロマンスを示唆する畏怖の念を感じさせるまでのパワーがあります。もしロマンチシズムを刺激するような絵に出会ったら、それを手に入れ、家にかけてください。ただし、ロマンチックだと思うものは人によって異なるということを覚えておきましょう。

　もう1つ、西洋で発明された愛の気を強力に高めるものはクリスタルのシャンデリアで、これ自体が優れた風水のシンボルです。というのは、シャンデリアは土の陽のエネルギーが生き生き輝くことを意味するからです。上に紹介しているような凝ったものを買う余裕がなければ、もっと小さなものを探してください。手ごろなものがあるはずです。

　愛を活気づけるとき、あなたの空間のエネルギーを最も大きく高めることができるのはあなた自身だということを覚えておきましょう。これがシンボルを利用する風水を大いに有効にする要素の1つだということを多くの人は忘れがちです。人間の精神は私たちの信じる気持ちを最も強く活気づけます。

　物の背後にある象徴的意味の基礎を理解することで、私たちはその物に肯定的な気のエネルギーを何重にも与えるわけです。さらに、五行の要素を正しく理解してこれを適用すれば、私たちの世界に素晴らしい幸運を引き寄せることになります。つまり、恋愛運を活気づけるときは、恐れずに自分の創造性を発揮して部屋を飾ってください！

4章
結婚や誕生日の吉兆となる儀式

その気になれば、結婚、誕生日、その他人生の転機となる幸せな出来事に関連する幸運の儀式が見えてくるはずです。儀式の多くは迷信に近いもので、人生の祝い事に意味や彩りを加える風水のシンボルが取り入れられています。儀式(およびタブー)は伝統の豊かなシンボリズムを反映し、そこには、この幸せな出来事をきちんと祝うことで幸運の流れをいつまでも引き寄せたいという願いが潜在しています。こういった儀式を理解することで、毎日の風水実践の多くを補足できるでしょう。ここに描かれている吉兆のイメージは3つ星の神、福禄寿——健康、富、幸福を表す神々を表しています。幸運のシンボルを持つ子供たちは子孫運を象徴します。桃は長寿を意味し、また、笏は権力のシンボルです。

占星術で
カップルの相性を
チェックしましょう

　中国には、夫婦は生まれたときから結婚するよう運命を定められているという美しい言い伝えがあります。伝説によると、縁結びの神、月下老人が、生まれた男女の足指を目に見えないシルクの赤い糸で結び、結婚させると言われています。2人は成長して巡り会うと、強く惹かれあい、当然の結果として結婚にいたります。また、占星術的にも2人の相性はぴったりでしょう。

　しかし、このようにして定められたすべてのカップルがうまく出会えるとは限りません。時として、目に見えない気の力が2人の出会いを妨げる障害を生むこともあります。こういった障害を乗り越えためには、前章で紹介した結婚運を活気づけ高めるあらゆる方法を利用するのがいいでしょう。さらに、確実に運命の相手と結ばれるように、結婚の占星術を調べるのも素晴らしいでしょう。昔は、有力で裕福な家の子供たちの結婚が成り行きに任されることはありませんでした。仲人が両親と綿密に話し合い、ふさわしい相手を取り決めたからです。相性をみる基礎となったのは2人の生年月日による占星術でした。占星術は結婚する前に行われる入念な儀式の1つでした。

　現代社会では、たとえ仲人がいなくても、占星術で相性をみることに別に害はないはずです。2人の星がどうなっているか見てください。

典型的な四柱推命			
時刻 天支	日 天支	月 天支	年 天支
H8 辛 陰金	H2 乙 陰木	H6 己 陰地	H10 癸 陰水
時刻 地支	日 地支	月 地支	年 地支
E6 巳 蛇 陰火	E10 酉 雄鶏 陰金	E2 丑 牛 陰土	E11 戌 犬 陽土

　相性を確かめるには2人の八字（四柱推命）をきちんと調べるよう強くお勧めします。これらは四柱推命に関するインターネットのウェブサイトで調べられるでしょう。その種のサイトにはコンピューターで計算するプログラムがあり、こういった星占いを簡単に行うことができます。

　四柱推命は五行の要素を結びつけて示すもので、五行の創造サイクルと破壊サイクルを用いて2人の相性がいいかどうかをすぐに調べることができます。四柱推命の専門家を訪ねれば、インターネットよりもっといいでしょう。もしこれが面倒だと思うなら、せめて地支に基づく解釈、つまり2人が生まれた年の干支（動物）の解釈だけは調べるよう提案します。

　これらの動物の干支に関する解釈は表面的に見えるかもしれませんが、一般的な相性をみることに関しては非常に正確です。

4章 | 結婚や誕生日の吉兆となる儀式

占星術で相性の悪いカップルのための矯正手段

　前のページを読んだ私の娘は、「星占いで2人の相性が悪いと出たらどうなるの?」と尋ねました。私は「もう1人専門家にみてもらうよう勧めるわ。ほら、病気の診断で医師にセカンドオピニオンを求めるでしょう。それでもやっぱり悪い結果が出たら、結婚しないように勧めるでしょうね」と答えました。

　ジェニファーは私が占いを信じてそんなことを勧めるのが信じられない様子で怒ったように立ち去っていきました。そこで、私は考えました。読者の中には、2人の愛があれば悪い兆しや相性の悪い星回りなど排除できると考える若い人がいるでしょう。残念ながら、全面的に相性の悪い2人が結婚すれば、問題は後に必ず生じます。さて、風水でそんな状況を緩和できるでしょうか?

　私はできると思います。風水師によると、生年月日に基づく2人の人間の相性の悪さは、結婚の調和のシンボルを新婚の寝室に置くことによって和らげることができます。また、結婚式の間に新郎新婦が適切な贈り物を交換することによっても和らげられます。

結婚の調和のシンボル

　最高のシンボルは双喜紋とペアのオシドリや雁です。こういったシンボルをベッドや寝室の家具に彫刻してください。たとえば、2羽のオシドリを年代物の結婚ベッドに彫ってもいいでしょう。また、結婚の調和のシンボルである雁やオシドリを寝室の家具に彫るのもいいでしょう。

　双喜紋も夫婦の調和を表す強力なシンボルです。書に描いたり、結婚指輪として身につけたりして、身近な所に置いてください。これによって、夫婦が調和し、長く続くことが確実になります。また、夫婦が延年(恋愛)の方位(八宅風水のクアの法則をチェックしてください)に頭を向けて眠るのもいいでしょう。吉兆の効果は多数ありますが、調和を生み出すのもその1つです。相性が悪い場合はほぼ確実にそうなのですが、延年の方位が夫婦で異なる場合、夫の方位を採用するべきでしょう。これは、夫婦関係に影響を及ぼすのは夫の運だからです。

贈り物の交換は幸運をもたらす好意の気持ちを表します

　シンボルを利用する風水の実践理論に基づいて正しく贈り物を交換することは、占星術による悪い相性によって示される障害を緩和するのに役立ちます。一般に、相性が悪い原因は、五行の要素がぶつかることにあります。つまり、新婦の星に水の要素が欠け、新郎の

星に土の要素が過剰であれば、土が水を破壊するため、結婚によって新婦は水不足から渇きで死ぬことになります(ジョークです)。結婚のときに新郎が水の要素を示唆する贈り物をすれば、それは結婚に伴い事態が改善することを象徴します。贈り物が2人の間をより調和のとれたものにするというわけです。新郎が新婦に贈る物としては、青い靴、黒いイブニングドレス、青いサファイアのイヤリング、青いアイシャドー、青いベッドシーツ一揃い、小さな水槽に入った2匹の金魚などが素晴らしいでしょう。これらはすべて水の要素を表し、占星術で水が欠けている場合にふさわしいと言えます。新婦も新郎への贈り物を選ぶときは同じように分析すればいいでしょう。ここでお勧めしている贈り物は、結婚の儀式の1部として贈られる伝統的な幸運の贈り物ではありません。五行の理論と法則に基づいて現代に適応させたものです。

『礼記』によると、贈り物の交換は貞節、庇護、出産の成功を願う気持ちを互いに表すためです。贈り物の縁起のいい数は8です。新郎は次のような物を8つ贈るべきでしょう。

- 新婦が髪に飾るゴールドのジュエリー、これは吉兆です。
- 邪気や悪霊から新婦を守る金箔を施した鏡。
- 新婦の甘い生活を願うチョコレートや砂糖菓子。
- 新婦の結婚の幸せを願う赤いブロケードやシルク。
- 新婦の兄弟や両親のために金一封(硬貨と紙幣)。
- 安産を意味する子供と魚を描いた絵。
- 結婚の幸せを願う牡丹の花束(シルク製でも可)。
- 新婦を生涯守ることを意味する白檀の扇子。

他の4つの要素のための提案

火の欠乏を補うには、赤い衣類、ルビー、サンゴ、ガーネット、紅玉髄、シャンデリアや照明を贈ってください。土の欠乏を補うには、あらゆる種類の貴石やクリスタルを贈ってください。木の欠乏を補うには、シルクの花、吉兆の花を描いた絵画、元気な葉の多い植物を贈ってください。金の欠乏を補うには、ゴールドをたくさん贈ってください。

花嫁は伝統的な婚礼衣装を着るのが最も縁起がいいでしょう

中国の結婚式では、花嫁は普通、赤い伝統的な婚礼衣装で入念に整えられます。この伝統的な婚礼衣装は一般に、ビーズ、クリスタル、時には宝石を使って飾られます。婚礼衣装には、吉兆を表す龍、鳳凰、牡丹、その他幸運のシンボ

ルを表す凝った刺繍が施されます。この伝統的な婚礼衣装を着るのは、新郎新婦、特に新婦にとってとても意味深い、縁起のいいことです。この婚礼衣装を着る資格があるのは最初の妻だけです。これは新婦の人生における新しい地位を表します。

　中国の花嫁は、どんなに現代的な女性であろうと、この伝統の婚礼衣装を着て結婚することを強くお勧めします。それはとても縁起のいいことだからです。香港のカオルーンの中国美術工芸品店ならひときわ美しい婚礼衣装の既製品が買えるでしょう。ただし、結婚予定がはっきり決まるまでは買わないでください。古い言い伝えに、結婚が決まらないうちに早々に婚礼衣装や婚礼ベッドを買うと、結婚するチャンスを打ち消す悪運を招くという話があります。ですから、未婚の娘のために古風な婚礼ベッドを買ったりしないでください！

　もし伝統婚礼衣装を着たくないなら、せめて赤い衣装で結婚式を挙げてください。黒は着てはいけません。陽の祝い事に黒はあまりに陰が強すぎるからです。祝いの席に出席している年長の親戚(父や伯父など)が深刻な不治の病に倒れることになるかもしれません。中国人によると、これは発せられる陰のエネルギーに深刻な影響を受けるためだそうです。花嫁は結婚式で黒は着てはいけないと覚えておいてください。(私が出席した結婚式で、新婦が数回にわたるお色直しの中で実際に黒いイブニングドレス姿で登場したことがありました！)客も、思いやりがないと思われるので、結婚式で黒を着るべきではありません。しかし、赤は着てもかまわないでしょう。これは陽のエネルギーを高めるからです。

　後に、新婦は披露宴に出席し、ディナーが出され、結婚を祝福されます。食事のテーブルには吉兆を示す物が多数あるはずです。対の龍と鳳凰、あるいは双喜紋かもしれません。新郎新婦は赤い糸で結ばれた酒杯で酒と蜂蜜を混ぜ合わせた飲み物を飲み、酒杯を交換してもう一度飲みます。これが2人の約束のしるしとなります。それから、新婦は重い伝統の婚礼衣装を脱ぎ、快適な中国のイブニングドレス、長衫に着替えますが、これも色はやはり赤です。

新婦の伝統的婚礼衣装

吉兆のシンボルで飾られた赤い車で結婚しましょう

　昔、新郎側は、提灯や爆竹といった吉兆のシンボルで入念に飾られた結婚用の赤い輿で新婦を迎えに来ました。今日では、輿は時代遅れですが、赤はあいかわらず意味を持ち続けています。つまり、赤い車で結婚するのがいいと考えられているのです。これが難しければ、

4章 | 結婚や誕生日の吉兆となる儀式

せめて吉兆のシンボルで車を飾る努力をするようお勧めします。たとえば、永遠の愛を象徴するエンドレスノット(終わりのない結び目模様)に赤いサテンのリボンを使ったり、車の両サイドに双喜紋を描いたりしてください。

　昔の結婚の祝賀は、新郎の家に向かう花嫁行列で始まることがしばしばでした。花嫁の輿には新郎の家名が赤い文字で鮮やかに描かれ、行列の前列では、幸運を願って明るい赤の傘がその家の家来や親戚によって高々と掲げられたものでした。さらに、慶事に幸運を引き寄せるために、帯状の赤いサテンや紙に金箔で双喜紋を描いたのぼりのようなものが多数運ばれました。新婦の兄弟が輿の近くを歩き、輿の中には結婚式用の凝った頭飾りで顔を隠した新婦が座っていました。行列が新郎の家に到着すると、爆竹が鳴らされました。

　新婦が輿を降りると、新郎の家族の末息子が彼女に向かって鏡を向けて出迎えます。しかし、新婦は下を向いていなければなりません。

それから、年配の女性と付き添い人が新婦を婚礼の間に連れて行きます。

　新郎の家までの花嫁行列および到着に関連する儀式——さらに、爆竹や吉兆のシンボルの装飾——は、幸福な出来事の派手な祝賀を象徴します。こういった儀式を遵守することで良い気を引き寄せ、新婦が無事に新郎の家に到着し、さらには、新婦が夫の家の新しい娘として幸せになることを確実にすると信じられています。つまり、新婦が義理の家族と調和して暮らすということです。赤い傘は新しい家族が新婦を守ることを意味します。新婦のそばを兄弟が歩くのはもとの家族のもとを円満に去ることを象徴し、新婦が持参する縁起の良い贈り物(ゴールド、宝石類、金銭、ブロケード)は新婦が夫と夫の家族に幸運をもたらすことを象徴します。

家族の年長者への献茶の儀式には良い意味が多数あります

　私たちにとって、お茶を飲むのは永遠に目覚め注意怠りないことの象徴です。これは、一般に仏教を中国に伝えたとされるインドの僧侶、達磨大師に関連する昔のおとぎ話に由来します。達磨大師は茶の木を生んだ人物とも言われています。伝説によると、ある日、達磨大師は瞑想中に眠気に襲われ、うたた寝してしまいます。目を覚ました彼は、二度とこんなことのないよう心を決め、瞼を切り落とします。すると、瞼は地面に落ち、根をつけ、たちまち芽を

4章 | 結婚や誕生日の吉兆となる儀式

出し、最初の茶の木になったということです。お茶を飲むと目が覚め注意怠りなくいられると年配の人たちが言うのはこのためです。

もちろん、さわやかな緑茶から芳しいジャスミン茶、豊かな風味の黒茶まで、お茶の種類は多数あります。アジア文化の中で、日本と中国ではお茶を飲むことが極めて高度な芸術にまで高められました。お茶を飲むことは、様々な決まりごとや象徴的意味を持つとても細やかな儀式なのです。お茶には特別な道具や茶器が使用されました。場合によって特別な種類のお茶が飲まれ、お茶には特別な儀式が伴いました。

最も重要なお茶の儀式は婚礼に関連するものです。新婚夫婦は盛装してそれぞれの両親の前にひざまずき、各自、小さな茶碗でお茶を差し出し、その後、両親から祝福を受け、金銭で満たした赤い包みを渡されたものでした。お茶を差し出すのは、両親への敬意を意味すると同時に、子としての感謝を表しています。

風習によれば、お茶の種類が優雅なものであればあるほど、献茶は意味のあるものになり、同様に、金銭の贈り物の形で表される赤い包みが大きければ大きいほど、結婚生活のスタートは吉兆とされました。昔、新婦の両親は、献茶の儀式がすむと、出て行く娘にたいていゴールドを贈りました。これが吉兆の贈り物であると考えられたからですが、現代では現金の入った赤い包みに変わっています。また、お茶は家の年長者に敬意を示すために、夫婦より1世代上の家族全員に出さなければなりません。

あなたがどんなに現代的であろうと、献茶の儀式は省いてはいけません。なぜなら、献茶の儀式はあなたに幸運をもたらすからです！

生後1カ月に吉兆の儀式として息子の誕生を祝いましょう

人生の大望という点で、息子の誕生は常に極めて慶事であるとみなされ、その慶事を記念して行われる特別な習慣や儀式があります。特に裕福で権力のある家では、息子は家名を継ぐために特に重要であると考えられました。一方、女の子は最終的に結婚して家を出て行くため、そう重要ではないとみなされました。つまり、息子の誕生は娘の誕生よりも常に盛大に祝われたのです。もちろん、現代では息子でも娘でも等しく大喜びし、どちらも同じように幸運の儀式で祝うことができます。ジェニファーが生まれたとき、ジェニファーは私にとって息子の誕生と同じくらい貴重だったので、そうして祝いました。

たとえば、誕生するとすぐに、娘に長いピンクのドレスを与えました。慣例になっている吉兆の赤は少し派手すぎると思ったからです。ですが、私の両親と義理の両親には赤く染めた卵を贈りました。また、友人全員を招いて生後

1カ月の誕生日を手の込んだディナーで祝いました。この祝いのディナーは良い気を家に引き寄せる慶事を告げるもので、家族に幸運をもたらします。従って、この祝いのディナーは家で行うほうがいいでしょう。家にやってくる大勢の人々も陽のエネルギーを持ち込むからです。また、赤ん坊へのゴールドの贈り物——バングル、ブレスレット、小さなゴールドのコイン——は象徴的に大変縁起のいいものです。ですから、赤ん坊の誕生1カ月を祝うディナーに招かれたら、子供へのプレゼントとして小さなゴールドの品を持っていってください。おもちゃや衣類より意味がありますし、おそらく価格も安いでしょう!

昔、男の子の赤ん坊を遊ばせて、大人になったら何になるかという兆しを見る儀式がありました。男の子の赤ん坊は生後100日に達すると、本、おもちゃの剣、コイン、数珠、役人の階級章が広げられたテーブルに載せられたものでした。赤ん坊が最初につかんだものが将来の人生の方向を示すと信じられていたのです。女の子の赤ちゃんの場合もこういった遊びが行われることがありましたが、女の子の前に置かれるのはパウダー、口紅、ハサミ、宝石、お金といったものでした。ある古い書物には、裕福な親は息子が輝かしいものを得ようと努力することを奨励するために、幼い息子の未来の富を象徴する輝くゴールドの品を置いたと書かれています。

赤く染めた卵

千年の秋の祝宴を祝いましょう

一般に、誕生日を祝うのは縁起がいいこととはみなされません。さらに、39歳、49歳、59歳は人生の障害がはっきり現れてくる年齢であるため、その誕生日を祝うのは人をそそのかす不吉な悪運を招くとみなされます。つまり、これらの年齢に達すると、たいていの場合、祝うのではなく心配するのが普通です。これらの年齢に達したときのアドバイスとしては、身を低くして特に用心することでしょう。というのは、不治の病に倒れたり、深刻な事故に遭ったりしやすい年齢だからです。祝う理由があるとしたら、この9のつく年齢を過ぎたときでしょう。

私たちは一般に、結婚式や息子の誕生と違って、誕生日を祝うべき日とは考えませんでした。ただし、両親の重要な誕生日は祝いました。それは、60歳、70歳、80歳の誕生日で、千年の秋の祝宴と呼ばれました。これには、誕生日を迎える家長や女家長に千年も生きてほしいという長寿を願う思いが込められています。その場合はもちろん祝う理由があっ

4章 | 結婚や誕生日の吉兆となる儀式

たわけで、祝い事が盛大であればあるほど、陽のエネルギーが大量に発生し、もっと長生きする可能性も高まると言われました。

　千年の秋の祝宴では、たいてい子供たちは贈り物として縁起のいい長寿のシンボルをプレゼントしました。最も人気があったのは翡翠などの貴石や磁器でできた長寿の神です。もう1つ、非常に人気があり、贈り物としてふさわしいのは、桃や鶴の絵でしょう。貴石に彫られた桃や鶴も極めて吉兆とみなされました。こういった物は特に家長にふさわしいとされました。というのは、家長は八卦の"乾"を象徴し、乾は天、神々、天のシンボルを表すからです。一方、女家長の長寿の贈り物としては、雲や水を特徴とする風景の中に描かれた竹や松の木の絵がありました。女家長は八卦の"坤"によって表される土の要素であるとされました。従って、長寿を意味する地上の物が母親や祖母にはより吉兆であると考えられたのでした。

妊娠女性への
縁起のいい贈り物

　習慣や民間伝承を集めた中国の古典、『詩経』によると、妊娠中に熊の夢を見て、もしその熊が黒、茶、白のいずれかなら、それは息子を授かることを示唆するそうです。一方、蛇の夢を見たら、それは娘が生まれるという予兆です。私たちが息子を願う気持ちは何世紀もの間極めて揺るぎないものでした。今世紀になっても、1人っ子政策に締めつけられている中国の親たちはしばしば女の子を見捨て、もう1度出産していました。ありがたいことに、このばかばかしい偏見は失われつつあります。

　庭で遊ぶ100人の子供たちを描いたとても有名な絵があります。描かれている子供たちはすべて男の子で、この絵は大勢の息子に恵まれるようにという願いを伝えているため、妊娠女性への贈り物として非常に縁起がいいと考えられています。皇帝の寝室には、天子が大勢の男子の世継ぎに恵まれるようにとい

4章 | 結婚や誕生日の吉兆となる儀式

うを願いを表すよう、このテーマの傑作が多数かけられていたと言われますが、これはそうするのが王朝存続を最も確実にする方法だと考えられていたからです。

一般に、妊娠女性への最高の贈り物は象徴的な意味を持つ吉兆の絵でしょう。一角獣に乗る男の子や蓮を持つ男の子を描いた絵には、息子を望む気持ちを意味しました。桃やザクロを持つ12人の子供の絵は、"長生きし、大勢の子供に恵まれますように!"という意味があります。子供を連れた老人の絵は、妊娠女性が特別賢い息子に恵まれるようにという願いを意味し、吉兆であると考えられました。老人は道教の賢人、老子を表していると思われます。

科挙で輝かしい成績を取れるような賢い息子を産むという大望は、2千年以上前から中国の親たちの第一の願いでした。これは、その試験が成功して、宮廷の高位に就く一番の方法だったからです。この成功は家全体に利益をもたらしたものでした。これは現代社会でもそう違いはありません! 教育は今でも偉大な成功への鍵です。ですから、特に適切なこの吉兆の意味を持つ贈り物をプレゼントしたいと思う場合、龍の絵、もしくは龍鯉の絵ならもっといいでしょう。龍鯉は魚の体、龍の頭を持つ鯉を意味します。つまり、鯉が急流に逆らって泳ぎ、門を飛び越えて龍になったという話から、龍門を昇るのに成功することを示唆します。これは、卒業試験に見事に合格し、権威ある役職に就くことを象徴します。

5章
幸運の果実と花

果実と花は家に吉兆のエネルギーをもたらす美酒のようなものです。果実と花は木の要素の成長のエネルギーと成功への到達を意味します。果実は最終ゴールへの到達のシンボルであり、花は収穫への胸躍る前兆を意味します。風水には、富の植物や繁栄の果実があります。また特に幸運を表す花もあります。菊、蘭、ヒヤシンス、水仙は華々しい新しい始まり——認められ、隠れた才能が花開くことを意味します。蓮は内面の喜びと維持を意味します。梅は美、恋愛、純潔を表します。桃は長寿を象徴します。ザクロは子孫運を意味します。ライムやオレンジは豊富なゴールドや豊かさをもたらします。あなたの国で手に入る幸運の植物を探して風水実践を楽しんでください。クラッスラ(金のなる木)やウェルスクリーパーを探してください。

裕福な生活を意味する梅の花と黄色い菊を飾ってください

　梅の花と黄色い菊は飾るのにも育てるのにも人に贈るのにもいい、素晴らしい吉兆の花です。仏教徒は梅や菊を祭壇に供えるのを特に好みます。また、太陰暦の正月に飾る場合にも最も縁起のいい花です。長い花瓶や磁器の壺にたくさん入った丈夫な花柄の黄色い菊は大変強力な陽のエネルギーを伝え、すぐに家に幸運を引き寄せます。梅の花は冬でも美しさと光彩を放ちます。そのため、梅の花と果実は逆境における美しさを象徴します。また、長寿のしるしでもあります。というのは、梅の花は、かなり年輪を重ねた木の、見るからに活気のない葉のない枝にも花を咲かせることができるからです。

　菊は長く続くものを意味します。つまり、愛、成功、約束、運——永遠に続いてほしいと願うものを、この美しい秋の花を飾ることで強めることができます。松や竹、鶴、鹿といった長寿のシンボルと組み合わせれば、長寿のしるしがかなり強化されます。

菊

梅の花

　菊は毎年9月を意味し、喜びと幸福を示唆します。菊に梅の花を組み合わせれば、終始一貫した裕福な生活を意味します。

　引退しても、いい生活が送れるでしょう。9羽の鶉と組み合わせれば、それは1つ屋根の下で9世代がうまく調和して平穏に暮らすことを意味します。

5章 ｜ 幸運の果実と花

蓮は究極の純潔と
完璧さを表します

　世界中の仏教徒にとって、蓮は仏陀の神聖な座所を意味します。蓮は仏教の八宝の1つです。中国人にとって、蓮は泥の中から汚れないこの上なく美しい姿で現れるため、究極の純潔と完璧さを象徴します。根から花まで、各部分すべてが利用でき、それぞれ深い意義や意味を持ちます。中でも最も深遠さを感じさせるのは、蓮が内面の空（くう）と外面の美を意味し、これが仏教思想の真理を伝えていることです。従って、仏陀のイメージはしばしば蓮座に座る姿で表されます。

　慈悲の化身である観音菩薩に関連する普遍的な真言（マントラ）"オム・マ・ニ・ペ・メ・フム"は実際"蓮の中の宝玉に敬意を表す"という意味です。さらに、ヒンズー教の神ブラフマンもやはり蓮の花に座っている姿で描かれます。蓮は道教でも人気のある幸運のシンボルです。八仙の1人の表象でもあります。彼は子孫運を表すとも言われる蓮の花托を持っています。吉兆の気のシンボルとして、蓮は途切れることのない社会的上昇から試験の成功、裕福になることまで、多彩な良い意味を持ちます。蓮が意味することは、絵画や幸運を表す美術品にどう表されているかによります。

　たとえば、若い男性が蓮を持っている様子が描かれていたら、それは人間関係における

成功を意味します。蕾を1つつけた蓮1輪は完璧な結合を意味します。カササギと一緒であれば、試験での成功運を表します。鯉を持つ少年と描かれれば、繁栄と豊かさを意味します。

完璧さには蘭、美と優雅さには木蓮

　風水では、ほとんどすべての花が美や優雅さ、完璧さを伝えます。茎にとげのある花はとげのない花ほど人気がありません。だから、バラは愛や好意を表すシンボルとしては、たとえば牡丹ほど人気はありません。愛する人にバラを贈りたいと思っている若い読者の方には必ずとげを抜くよう助言します。それから、バラに関しては、結びつきを強めるという点で、赤いバラよりも黄色いバラがはるかに吉兆です。入院している人には赤いバラや赤い花は死を意味するため、絶対に贈らないでください。

　蘭は完璧さを意味し、優れた男性の象徴とみなされます。蘭は良い家族運や大勢の子孫をも象徴します。また、どんな場合でも、愛と美のシンボルであるため、蘭を贈ればまず間違いないでしょう。すみれ色の蘭が最も吉兆であると言われています。

　木蓮は女性の美と愛らしさを象徴します。美しい女性と結婚の幸せを意味するため、牡丹に次いで2番目に人気があります。昔、木蓮の栽培は皇帝と皇帝一族にしか許されませんでした。木蓮はその象徴的意味とその色の白さから、ウエディングブーケにも素晴らしいでしょう。

　水仙は球根から極めて縁起のいい花を咲かせます。人の隠れた才能を開花させると言われるため、水仙は努力を認められ報われたいと願っている職業人には素晴らしいでしょう。太陰暦の新年に鉢植えの水仙を育ててください。これは、水仙が美しい花を咲かせる時期です。また、その年の仕事運に恵まれるよう願う素晴らしい贈り物になるでしょう。

　水仙が見つからなければ、代わりとしてはヒヤシンスがいいでしょう。一般に、元気に花を咲かせる植物がたくさんある家には良い気のエネルギーが表れます。

　とげのある植物は庭の端に置いてください。

　幸運の花を数種類育て、コンパスの指す方向の五行の要素に従って花の色をまとめてください。

　つまり、赤やオレンジは南、白は西や北西、青やすみれ色は北、黄色は他のどこでもかまいません。

たくさん実をつけたライムは新年に特に吉兆です

このページで下に紹介している果樹は熟した果実をつけたライムで、玄関ドアのすぐ外に置くのがふさわしい豊かさを表すものです。この元気に育つ植物はそれを育てている家に金運をもたらしますが、太陰暦の新年には特に吉兆であると考えられています。新年の祝いの15日間、玄関ドアの両脇にライムの木を置くと、年間を通じて繁栄運がもたらされます。

このシンボリズムの由来は、オレンジに関する中国人の先入観にあります。明朝時代、年に一度、南部地方から皇帝の住む首都に貢物としてオレンジが送られました。首都までの長旅のため、北京に到着するころに果実が熟し縁起のいいオレンジ色に変わるようにと、この吉兆の果物は鉢植えで運ばれたのでした。今日、マレーシアやシンガポールでは、新年になると、多くの企業が大切な得意先や重要な取引先に1年間の感謝のしるしとして1対のライムの鉢植えを送っています。地方の栽培業者も新年に果実が熟すように、技術を駆使し、適切な時期に必ず花を咲かせています。

ザクロも人気のある幸運の果実です。この果実は鮮やかな赤い色になり、はじけてたくさんの種を見せます。このため、ザクロは生殖力のシンボルとみなされます。ザクロは多くの息子に恵まれる幸運を招くと言われています。

また、ザクロは、成長して家に名誉や栄誉をもたらす親孝行な子供たちに恵まれる家族を象徴します。新年に食べると、母親は年内に息子を産むと言われています。ザクロは仏教徒にも大変尊ばれ、祈祷の儀式に使用されています。

ザクロ

風水ではオレンジはゴールドのようなものです

オレンジはゴールドを意味する果物とみなされています。言い換えれば、非常に大きな幸運を表すということです。つまり、オレンジはゴールドであるため、極めて吉兆と考えられ、新年の祝い事には形式上必要なものとなっています。実際、新年はオレンジがないと不完全だと考えられるほどです。

これは、オレンジを表す中国語がゴールドを表す言葉と発音が同じだからです。中国には様々な種類のオレンジがあります。新年の祝い事に用いられる人気の種類は明るい色のマンダリンです。

他に吉兆とされるのは朱色の品種で、不死の果実である桃に似ていると言う人もいます。朱色のオレンジは道教の錬金術に使われていたと考えられています。

5章　幸運の果実と花

> 新年を迎えるに当たってリビングにオレンジの宝石の木を飾ってください。果実をたくさんつけた木を選びましょう。この1年のために、"ゴールド"のコイン9個をつないだものを木に結び、赤いリボンを結んで活気づけてください。

太陰暦の新年の15日間、家にふんだんにオレンジを飾るのもいいアイデアでしょう。これは象徴的に、これから12カ月間家に幸福や繁栄が訪れることを確かにします。また、オレンジは、これから12カ月の繁栄を願って親戚や友人にも贈られます。

祭壇や仏壇のある人は、仏や神への供え物として赤い紙に包んだ9個のオレンジを置いてください。これは神々にゴールドを供えることを意味し、やはり吉兆とみなされます。

一方、オレンジの皮は薬になると考えられています。乾燥させたオレンジの皮はあらゆる種類の胃の病気の治療薬として好まれ、鎮静剤としても用いられています。

クラッスラは中国人に大変好まれます

クラッスラは富の木あるいはお金のなる木とも言われるため、中国人はその木を高く評価すると何年か前に教えられました。私はあまり信用しませんでしたが、風水の本を書きはじめてから、次第に周囲にもっと注意を払い、意識するようになりました。すると、ロンドンで成功している中華料理店でこの木を置いている店がどんなに多いかに気づいたのです。

多くの中華料理店は店の入り口近くにクラッスラを置いていました。それは、私がビジネスの成功運を招くにはそこに置くべきだと教えられた場所でした。クラッスラは南東の方角の金運を活気づけるために南東に置いても吉です。何年も前に香港を拠点にしていたとき、私は初めてクラッスラのことを聞きました。そして、この植物の多肉の葉が翡翠に似ていると説明されました。翡翠はその様々な特性のため中国人に非常に尊重されている宝石です。つまり、翡翠の木、クラッスラは、極めて優れた装飾物として大変尊ばれている願いを叶える宝石の木に最も近かったわけです。近年、この宝石の木の多くは、南アフリカから来ています。金属のワイヤーで作られ、碧玉、紅玉髄、天然クリスタル、アメジストなど、様々な貴石がつけられています。

こういった宝石の木はクラッスラを真似て

5章 | 幸運の果実と花

願いを叶える宝石の木

お金のなる木

いますが、もちろん、クラッスラを見つけられる人々は本物とはまるで違うと思うことでしょう。クラッスラに代わるものとしては、やはり多肉植物のサボテンの種類がいいでしょう。これも栄えて見えます！ 葉は水分で厚みがあります。とげの多いサボテンと混同しないでください。これは吉兆ではありません。実際、鋭くとがったとげのある植物は悪運を生み出すシルバーの毒矢を出すと言われます。とげのある植物は庭の端に追いやり、好ましくない訪問者に対抗して家を守る役割をさせるのがベストです。

マレーシアやシンガポールでは、お金の木とみなされる様々な植物は、ハート型の葉を持つ蔓性植物で、室内でも室外でも育てることができます。このお金の木は水栽培でとても容易に成長します。葉は緑や黄色で、東や南東で育てるのがベストです。

室外の場合、こういった蔓性植物は大きくなりすぎて、木に寄生植物のように巻きつくことがあります。こうなると、吉兆の特性は失われます。

幸運の果実には
ライチや柿があります

ライチはリュウガンと一緒に描かれると、賢い子供に恵まれる結婚を意味すると言われています。若い既婚女性はこの運を自分で生み出すよう、ライチとリュウガンを食べるよう勧められます。ライチは鋭敏さのシンボルともみなされ、ビジネスに携わる人々に良いとされています。吉兆の果実の絵には必ずライチが含まれるはずです。

風水では、ダイニングに果実の絵をかけるのが吉兆と考えられています。上の絵は4つの吉兆の果実——ライチ、ヒシの実、オレンジ、蓮根を組み合わせています。4つの果実はそれぞれ

5章 | 幸運の果実と花

に特別な性質の幸運を示します。ライチとヒシの実はその家に賢い子供がいることを意味し、オレンジは繁栄を意味し、蓮根は自然な人生を意味します。

　柿はビジネスに携わる人々にとって素晴らしい意味を持つ大変な幸運の果実です。植物としての柿には幸運をもたらす特性がいくつかあります。長寿、親切、機敏さを意味すると言われます。そのため、柿の木はあちこちの庭で見られます。また、他にも吉兆の意味があり、他の幸運のシンボルと一緒に飾ると特にその意味を強めます。

　たとえば、マンダリンと一緒に置けば、その組み合わせはあらゆる冒険的事業の成功を意味します。果実のシンボリズムに見識のある香港のレストランがしばしば食後にビジネスの成功を願う好意を示して会社の客に柿と組み合わせてタンジェリンを出すのはこの理由からです。同様に、柿がライチと一緒に出されると、取引によって利益が得られることを意味します。やはり、ここにもビジネスに関する縁起のいい暗示があります。

　柿の実は他の幸運のシンボルとともに頻繁に絵画にも描かれています。たとえば、木蓮やキノコと描かれると(下図参照)、やはりビジネスにおける成功を意味します。

　従って、ビジネスの取引先、顧客、重要なパートナーに柿を贈るのは大いにお勧めです。

5章 | 幸運の果実と花

年間の幸運を願う四季の花

　四季の花は年間を通しての幸せと幸運を表します。幸福なエネルギーのスムースな流れを促進するために四季の花を家に飾るのは素晴らしいアイデアです。

　1年のスタート時、春の花には菖蒲や木蓮があります。夏は、牡丹や蓮が幸運をもたらします。秋、幸運を引き寄せるのは菊です。そして冬は梅の花です。『詩経』によると、玄関口は木蓮を飾ると有益で、牡丹は高い場所に飾れば幸運をもたらします。

　蘭は廊下にかけ、冬の花は大きな磁器の花瓶に入れるべきでしょう。菊は祭壇や仏壇に飾り、蓮は庭でユリと一緒に咲かせましょう。

　家の若い女性に最も縁起がいいのは牡丹を飾ることです。みごとな色が色あせることのないよう、シルクの牡丹を利用してください。ここに紹介している絵では、牡丹が木蓮や梅の花と組み合わされ、大きな磁器の花瓶に飾られています。これは、その家の娘の素晴らしい結婚運を意味します。

　様々な花のリストがあります。たとえば、12カ月を表す12種類の花がありますが、これにはすでに言及したすべての吉兆の花が含まれます。家に花を飾るのは、様々な種類の幸運を表すと常に考えられています。異なる花は異なることを意味し、『詩経』にはどの花をどう飾るべきか多数記されています。

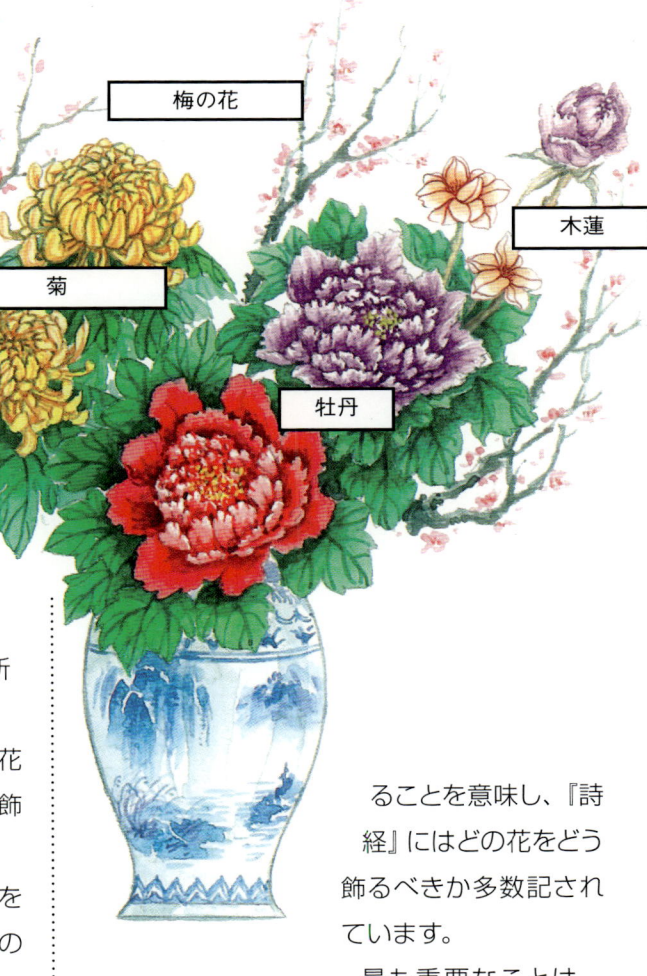

　最も重要なことは、家に飾っている花は決してしおれさせてはいけないということです。しおれる兆しが見えたらすぐに片付けるべきです。さもないと、有害な陰のエネルギーを発します。この意味からすると、フラワーアレンジメントで流木を使用することがありますが、これは縁起のいいアレンジメントとは言えません。

大いに裕福になれるよう、庭にお金の木を植えてください。

古い中国の伝説に、枝にコインやゴールドのついたお金の木の話があります。お金の木を揺さぶると、雨が天から降り注ぐようにゴールドのコインが庭に落ちてくるというのです。コインやゴールドが降ってくるというこの話は古い絵画や屏風の人気のモチーフでした。また、シンボルを利用する風水の力を信じて夢中になっている人々の間で大人気になったのは言うまでもありません。古いコインをたくさん使って庭でお金の木を育ててもいいでしょう。このページの写真のように縁起よく木にぶら下がるように注意してコインを結び、創造力を駆使して宝石の木を作ってください。

ぶら下げるコインは必ず赤い糸で結んでください。枝の間に龍を置くと、木にさらにシンボリズムが加わります。木の幹に吉兆を表す漢字や銘を付けたり、木の根元に赤い提灯を3つ置いたりすると、木を活気づけるのに役立ちます。上の絵には、小さな少年たちが木から落ちたコインを掃き集めている様子が描かれています。これはコインの収穫を象徴しています。ただ、お金の木を揺さぶるという表現はほとんど努力をせずに裕福になることを意味します。これは必ずしもポジティブであるとは言えません！

中国の信仰において、コインは常に大きな役割を果たしてきました。長い間、コインは泥棒や悪霊から身を守る厄除けのお守りとしても使われました。実際、こういったコインは赤い糸に通して首に下げたり、赤い糸で剣の形につなぎ合わせたりして、身につけられました。

また、コインは富運を招く目的にも使用され、幸運を呼ぶ数のコインが赤い糸で結び付けられ、凝った吉兆のデザインに作られました。

富の木にもコインは使用され、1万のコインがなる木を意味するよう千のコインが糸に通されました。これは大変吉兆です。太陰暦の正月の間、富の木にはこの1年の富を願って赤い提灯がつるされたものでした。

金の木のバリエーションとしては宝石の木があり、これはもっぱらクリスタル、アメジスト、紅玉髄、シトリン、サンゴのような貴石でできています。幹はたいていゴールドです。宝石の木は家中に素晴らしい幸運のエネルギーを生み出すため、極めて吉兆です。

私は宝石の木（紅玉髄製）をリビングの北西に置いていますが、それは北西が乾のコーナーで、天からの富を意味するからです。

> しっかりした幹で、ゴールドのコインが結び付られている場合、宝石の木は大変吉兆です。

6章
厄除けのシンボル

住空間や仕事場の環境に厄除けのシンボルを取り入れるのは、風水実践においては意味深いことです。扉の神や狛犬は寺院や皇帝一族の住む宮殿はもちろん、身分の高い役人の家をも象徴的に守るとされています。一般に対で飾られる狛犬は伝説の生物であり、一角獣とよく間違われます。獅子だと言う人もあれば、いくつかの吉兆の生物を組み合わせたものだと言う人もいます。他に厄除けのシンボルとしては、虎、鷲がありますが、実のところ、住居入り口の外に置かれる獰猛で大きな動物はすべてが護身のシンボルになります。

また、風水では、紙で風をコントロールするシンプルな扇、また紙の中で火をコントロールする赤い提灯にも潜在的な力があるとされます。

事故や不運から身を守る特別な道教のお守りも、伝統的な風水実践で重要な役割を演じています。保護や防衛の役割を果たすものをうまく利用することで、あなたの幸運や幸福を保護する様々な方法を見つけてください。風水の問題の治療薬や解毒薬の使用法を学び、悪運から身を守りましょう。

白虎は青龍の仲間で、やはり守ってくれます

偉大な風水実践は、根本的な陰陽の存在を反映する宇宙の偉大なる2つの力――龍と虎の縁起のいい出会いなくして説明することはできません。私たちにとって、虎は威厳、厳格、勇気、獰猛さの象徴です。龍が陽であるのに対し、虎は陰です。

白虎は天空の生物である龍と組み合わせた場合、大きな幸運をもたらし、同時に守護の役割も果たします。虎は方位磁石の西を意味し、方位にこだわらない場合は玄関ドアの右手か虎の位置であると言われています(すなわち、ドアに立って外を見て右手です)。一般に、家の中に虎のイメージを置くのはお勧めできません。虎が獰猛さを家に向ける危険があるからです。住人が寅(虎)年や辰(龍)年生まれでなければ、この危険性はとても現実的になります。寅年に絵画や彫刻などの形で家の中に虎を置くと、事故や病気の危険な予兆となるかもしれません。

虎は厄除けのシンボルに最適だと考えられるため、虎のイメージは家の外の玄関ドアのそばに置くのがいいでしょう。これは、そこに住む家族に悪意を抱く人々が家の中に入らないことを確実にします。

最高の厄除けのシンボルの1つは3頭の白虎の絵であると言われます。これは家の外の玄関ドア近くにかけるべきでしょう。道教の寺院では、白虎のイメージがしばしばドアに描かれています。

中国やアジアの一定の地域では虎は富の神とみなされますが、これはおそらく、最も人気のある富の神、財神爺がしばしば虎に座っている姿で表されることと無関係ではないでしょう。この富の神の写真はここに示されています。富の神が着ている衣服前部の龍のイメージに注目してください。また、神が虎に座っていることにも注目してください。これは最高の力である龍の見えない力が虎の見えない力を活用するのに成功したことを象徴します。家にこのイメージを飾れば、家族は貧困から強力に守られ、良い時期には大変な繁栄がもたらされるでしょう。

1対の獅子が
神聖な守護になります

獅子（ライオン）は中国原産ではないため、これは仏教の影響とともに出来上がったイメージと思われます。これは雪獅子が仏教徒にとって神聖であり、仏陀に花を捧げる様子がしばしば描かれるためです。獅子は勇気、大胆さ、勇敢さの象徴と考えられています。慎重さと機敏さを備えた雄々しい生物です。

文殊菩薩は獅子にまたがり、右手で知恵の剣を振るう姿で描かれることがあります。昔、軍隊で2番目の階級にあたるトップの将校たちは正装に獅子のイメージを刺繍していました。

また、獅子は建物、特に神聖な建物を監視する優れた守護動物であると言われます。このため、寺院の守護として用いられることが多いです。大きな石の獅子像は普通、主要な扉の両脇に1つずつ置かれます。入り口の通路に沿って置かれ、家の玄関先を守っていることもあります。また、先祖の墓を守っている獅子も見られます。外見上、守護である中国の獅子は手ごわそうに見えます。大きな目、恐ろしげな顔つきに描かれていますが、一般に恐ろしい獣とは考えられていません。獅子は虎ほどには恐れられていません。中国の獅子には、今日私たちが知っているアフリカのライオン（獅子）との共通点はほとんどありません。獅子はむしろ、もう1つの偉大な守護動物である狛犬に似ています。しかし、見分けるのは簡単です。中国の獅子はほとんど常に写真のようにペアで彫られます。雄は球体に足を置き、メスは子供を抱いています。実体のない悪い力に対抗する守護として、ペアの獅子は（釉薬をかけた陶磁器でできた小さなサイズのものを探しましょう）玄関ドア外の両脇に置いてください。（中から外に向かって）左に雄、右に雌を置いてください。

1対の獅子(外から中を見るかたちで)、左が雌、右が雄。

チベットのポタラ宮を守る雪獅子

6章　厄除けのシンボル

玄関両脇の1対の狛犬は殺気をかわし、
悪意のある人々が家に入るのを防ぐと信じられています

狛犬は殺気に対する象徴的な守護となります

　風水師は正面玄関に対の狛犬を置くことを大いに勧めます。こうすることで殺のエネルギーをかわし、悪意が家に入るのを防げると信じられているからです。外見上、狛犬は獅子と非常によく似ていますが、微妙な違いがあります。狛犬はたびたび球体と戯れる姿で描かれる神話の生物で、その球体は太陽、丸い陰陽のシンボル、あるいは単なる宝石か真珠かもしれません。これはたいてい想像に任されています。球体と遊ぶのは雄の狛犬です。2匹の狛犬が戯れ、跳ねまわる様子が描かれることがありますが、これは真珠で遊ぶ2頭の龍によくなぞらえられます。北京の紫禁城の宮殿内では、様々なイメージや描写の狛犬が見られます。獅子が瞑想や礼拝を行う宗教的な場所に適しているのに対し、狛犬は宮殿や皇帝の住まいの優れた守護であると考えられていたのでした。

　陶磁器の狛犬で雌雄の区別ができるものを選び、必ずドアの左手に雄（ボールを持っているほう）を、右手に雌を置いてください。あまり大きなものを買う必要はありませんが、かなり高い位置に置くのはいい考えでしょう。私は、門の上に向かい合わせに置いています。どんな姿勢でも、風水の守護のイメージには適しています。素材もどんなものでもかまいませんが、個人的には、風水は良い地のエネルギーを活用することなので、土を意味する陶磁器製のものが好ましいと思います。

守護の門神を置くという古い伝統を復活させましょう

　私は幼い頃に一度、祖母に連れられて寺院に行き、古代中国の衣装のようなものを着た派手な色合いの怖い顔つきの門神を見ました。

　祖母は悪霊を締め出し、亡霊を中に入れないようにそこにいるのだと説明してくれました。そんな無邪気な説明を受けた結果、私は惨めなほど幽霊を怖がって子供時代を過ごしました。何年か経って香港に引っ越したとき、この守り神が描かれた古い扉に出くわしました。例によって私は祖母の話への郷愁に圧倒され、その場で買い求めました。その扉は、私がマレーシアに戻るまで、一時、香港の私の家を守ってくれました。

6章 ｜ 厄除けのシンボル

武門神

徴的なものと考えられ、亡霊や幽霊ではなく悪運から守ります。家のドアに門神を描くというこの古い習慣を復活させたい人は、武門神よりも文門神を考えたほうがいいかもしれません。また、風水師からの助言ですが、こういった門神を玄関ドアに描いてもらう場合、ドア自体を必ず赤くペイントしてください。

文門神

武門神は唐王朝に始まります。武門神の基礎となっているのは2人の忠実な武将、秦と尉で、2人は天子が亡霊や幽霊に邪魔されることなく安らかに眠れるようにと、皇帝の居所を一晩中護衛しました。しかし、間もなく2人が夜の任務に出なければならなくなると、皇帝は居所の入り口に続く扉に2人の絵を描かせることを思いつきました。宮廷画家たちは、鎧兜を身につけ武器を持つ完全武装した武将の絵を2枚製作するよう依頼されました。その結果、この武将たちは武門神として知られるようになり、時の経過とともに、1人は白い顔、もう1人は黒い顔に描かれるようになったのです。これは人気となり、今世紀になってもまだ目にすることができます。

文門神はあまり怖く見えない門神です。この門神も対で飾られますが、武将というより廷臣のように見える宮廷衣装を着た姿で描かれます。この門神の守る力は、現実的というより象

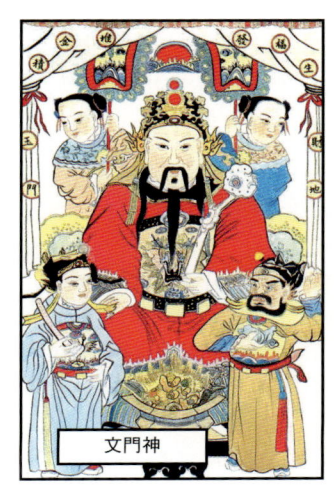

関公は警察と犯罪組織の両方の守護神です

中国の神の世界の多種多様な神々の中で、戦いの神、関公ほど人気のある派手な存在はないでしょう。関公は関帝の名でも知られ、富の神でもあります。関公は様々な称号で呼ばれ、その中には、虐げられた人々の保護者、警察の守護聖人、犯罪組織の守り神、最近では政治家やビジネス界の大物の守護神などがあります。関公のイメージはよく売れます。立像、座像、騎乗、敵をにらみつけている姿、いずれであろうと、家に関公のイメージを置くと、強力なエネルギーがもたらされるでしょう。関公は高い位置から玄関を見張る形で置いてください! 怖い顔つきであればあるほど、強力であると言われます。関公が持っている大きな杖や剣は彼の武器なので、取り除かず、必ず正し

6章 | 厄除けのシンボル

い位置に一緒に置いてください。関公を家に置く利点としては、居住者の平和と調和、家長の守護、家族全員の繁栄運がもたらされます。また、関公を職場の席の後ろに置いている指導者やビジネスマンは重要人物からの強力な支援を欠くことがないと信じられています。

関公は家の北西のコーナーに置くと最も効果的です。家に出入りする人を見張っていられるよう、常に玄関ドアのほうを向いているべきでしょう。関公は拝む必要はありません。風水の観点からすると、必要なのは彼のイメージだけです。私は家に関公をいくつか置き、戦国時代を生きたこの赤ら顔の武将の象徴的な力にいつも魅力を感じています。

関公の話をよく知りたい人は、当時の政治的および軍事的状況を描いた人気の古典文学『三国志』を読むといいでしょう。

四天王は4方向を守ります

私は物心ついた頃から四天王に魅了されてきました。四天王は、大乗仏教信者には法の守護者として、またヒンドゥー教徒にはサンスクリットの梵天王としても知られています。この四天王は仏教の世界の中心にある山、須弥山の山麓の守護者として語られます。山麓で四方からの悪の力や悪霊による攻撃から宇宙を守っているのです。仏教の瞑想センターや寺院では、入り口の両脇にそれぞれ2体ずつ、等身大のイメージが置かれています。仏教の神々を描くチベット仏画、タンカ画では、四天王はたいてい法の守護者として描かれます。

四天王は一般に、それぞれ巨大な神通力のある武器を持ち、重々しく武装した姿で表されます。常に警戒を怠らず、否定的な影響をかわす準備をしているかに見える彼らは、悪魔や悪霊

6章 | 厄除けのシンボル

四天王について知りましょう……

東の守護は持国天です。サンスクリット語では偉大な王ドリタラーシュトラとしても知られています（『金光明経(Suvarnabhasa)』参照）。この神は白い顔、険しい表情に銅線のような髭をはやしています。4弦の琵琶を持ち、これをかき鳴らすと、空から大きな火の玉が落ちてきて、彼の領域に進入しようとする者を攻撃します。彼の武器は火の要素と関連し、東の木の要素を容易に和らげることができます。こうして、彼は自分の領域をしっかりコントロールします。持国天は四天王の中で最も上位になります。持国天の名は"国を守る天の王"という意味です。須弥山の東の斜面から、一般の人々の暮らしが安心で安全なものであるよう国を守っています。文書によって彼の武器は様々ですが、琵琶を持っている姿が最も多く描かれています。彼はこの楽器を奏でることで、天候をコントロールできます。持国天は東に置くか、あるいは玄関ドアを見るかたちで邪悪な力が家に入ろうとしていないか見張らせてください。

西の守護は広目天です。サンスクリット語では偉大な王ヴィルーバークシャとしても知られています（『金光明経(Suvarnabhasa)』参照）。この神はこげ茶色の顔で、片手に真珠、片手に蛇を持っています。西を守るこの神の名前には"凶眼"という意味がありますが、一般には"大きな目"、つまりよく見える目という意味です。広目天は片手にのたくる蛇、もう一方の手に宝石を持っています。宝石は世界を象徴し、西の王はそれが盗まれるのを防いでいます。広目天のイメージを玄関ドアに向き合うように置けば、家は悪い影響から守られるでしょう。また、四天王は居住者が否定的なカルマを蓄積させるような活動に従事しないように守ります。

南の守護は増長天です。サンスクリット語では偉大な王ヴィルーダカとしても知られています（『金光明経(Suvarnabhasa)』参照）。この王は青い顔をしています。槍と、刃に土、水、火、風の文字が刻まれた貴重な魔法の剣を持っています。この剣は、邪悪なナーガの体を突き刺して塵と化す何百万の槍を作り出す黒い風を生む力を持ちます。この風にやがて火が続き、火は何百万もの蛇のいる空間に広がります。この神の表情は常に険しく鋭いです。このイメージは他の王と一緒に玄関を向くように置いてください。

北の守護は多聞天です。サンスクリット語では偉大な王ヴァイシュラヴァナとして知られ、黒い顔で、超自然的な力で雷雨から守る魔法の傘を持っています。いつでも傘が開くと、完全な暗闇となります。傘が逆さになると、北に源を発する否定的な力を完全に破壊する力を持つ大地震や巨大な大津波が起こります。この王の名前には"繰り返し拡大し、成長する王"という意味があります。彼の持つ傘は敵の数に従って増加します。多聞天は他の王よりも仏陀の教えに耳を傾けたため、仏塔を持つ姿で表されることもあります。仏塔の基部は地を表し、屋根は天を表します。

仏教徒はヴァイシュラヴァナを富の守護者とみなしています。この王のタンカ画は財神イエロー・ジャンバラとよく間違われます。彼は千年間質素な生活を実行し、大きな富で報いられたと言われています。"財神"クベーラとも呼ばれます。ヒマラヤの彼の宮殿では、ヤクシャ（地上の宝の守護者）とキンナラ（ギリシャ神話のケンタウロスに似た天界の楽師）が仕えています。像では、右手に剣、三叉の槍、旗（彼の勝利を示す）を持っている場合もあります。体は、千の太陽ほどにまぶしいことを意味して、時として黄色に塗られます。左手では、宝石を吐き出すマングースが尽きることのない富の存在を示しています。四天王の中で、多聞天は最も人気がある神とみなされていますが、それはおそらく財神と関連づけられるためでしょう。

から身を守る必要のある人々にとって強力な守護になると言われます。四天王を家に置くと、正義、誠実、良い倫理観といった性質が広がると信じられています。四天王は疲れを知らないエネルギーで守り、その力は無敵です。

四天王は仏教の神々の世界の神聖な存在であると考えられています。そのため、他の信仰を持つ読者の方にはふさわしくないかもしれません。この関連で、家に調和の取れた平穏な環境を作るため風水実践にシンボルを利用するにあたっては、こういった深い意味を持つ超自然的なシンボルも多数取り入れられているということを説明しておくべきでしょう。たとえば、シンボルは中国の三大宗教である道教、仏教、儒教の影響をしばしば受けています。

四天王は守護神としてよく知られ、中国の家庭や寺院では風水の他の特徴を補足するために守護神として利用されています。しかし、この特別なシンボルの使用に関しては、読者自身が慎重に判断するべきでしょう。

四天王は家の外に置かないでください。家の中の祭壇の両脇が好ましいでしょう。家の中に仏塔がある場合、主要な4方向に向かう各コーナーに置くのもいいでしょう。こうすることで、4方向から来る悪影響や悪い誘惑を取り除いてくれます。四天王は適切な神を適切な位置

に置くことが重要です。それぞれの勢力範囲に一致する方向を向くか、あるいはその位置に置くべきです。これは四天王がそれぞれの領域を持っていると言われているためです。

道教信者の護身のお守り

風水は幸運をもたらすのに加えて、姿を変えて入り込む悪運に対抗する厄除けにも役立つでしょう。風水の興味深い一部門は、事故、病気、強盗、肉体的苦痛をもたらす否定的な気をかわすために過去に用いられたあらゆる方法を活用しています。昔、道教信者のお守りの利用は広く伝わり、人気を誇っていました。そのため、中国最古の文書には様々なタイプの魔よけについて言及されています。

こういった魔除けには様々な素材が用いられていましたが、黄色や緑色のわら紙が断然人気でした。紙には、悪運を寄せつけない力を持つと考えられる特別な漢字が書かれたものでした。ここに示されているのは、四天王が描かれた道教のお守りの1例です。こういった魔除けはさまよう悪霊が引き起こす邪気を消滅させる力があると信じられていました。様々な漢字が様々な目的のために書かれました。

たとえば、妊娠女性のための厄除け、事故から身を守るための厄除け、火事、水害などの厄除けと、それぞれ特別な厄除けのお守りがありました。ここに紹介しているお守りは、胎児に害が及ばないようにするために妊娠女性が身につけるお守りの1例です。

手書きのお守りは、身体的な危害をかわすのに特に効果的だと信じられていました。つまり暴行を受けたり、武装強盗に襲われたりするのを防ぐお守りです。こういった護身のお守りを書くのに特に精通した風水師がいます。道教の祈りを唱えた後、緑の紙に特別な漢字を書くのです。私は20年以上護身のお守りを身につけ、実際に身体的危害をかわすのに効果的だと思っています。

お守りは商業ベースで販売されるべきではありません。運よくラマ僧や徳の高い僧侶などを知っている人は、護身のお守りを頼むのもいいでしょう。手に入れるためには、お願いすればいいのです。あるいは、護身のシンボルを買い求め、高僧か大寺院に祈祷を頼んでもいいでしょう。

それぞれの護符の目的は中国の暦に由来します

中国暦、すなわち通書には今日も使われ続けている一般的なお守りがいくつか含まれています。お望みなら、黄色か緑のわら紙にこれらの護符を写すのもいいでしょう。

6章　厄除けのシンボル

ここに紹介している護符は一般的な家の厄除けのお守りで、悪意のある人によって引き起こされる否定的な影響から守ります。また、強盗に対してもいいお守りになると信じられています。黄色か深緑色の紙に写し、厄除けのために玄関ドアの真上に貼り付けてください。家の外側に外に向けて貼ってください。このお守りは、家族に投げかけられる呪文に対しても効果があると考えられています。

右に紹介する次の護符もやはり紙に書かれており、発熱などの病気を治すのに効果的です。暦に従って、この護符を黄色いわら紙に写し、それを燃やしてできた灰を水に入れ、その水を飲んでください。

これで熱はすぐに下がるでしょう。この右の護符は、伝染病や流行の疾病から身を守るために金属容器に入れて首にかけてもいいでしょう。

右に紹介する護符は、家に取りついていると感じる邪気や悪霊に対して効果的です。

写して、家の妙な気配を感じる場所に取り付けてください。

右側の護符は目の病気や腹痛に効果的です。燃やしてできた灰を水に入れ、目を洗うのに用い、腹痛の場合には飲んでください。

この強力な絵のお守りは
チベットの風水に由来します

私の大興奮した発見の一つは、『10方位からの悪運をかわす』というタイトルのチベット語で書かれた本の存在でした。この本の存在について教えてくれたのはチベット仏教の僧侶でした。私の最初の反応は、基本的に主な方位は8方位で10ではないというものでした。それに対し、僧侶は「残りの2方向は下からの悪運と上からの悪運です」と答えました。もちろん、僧侶は正しく、私はいつか彼がこの強力なテキストの残りを快く訳してくださることによって、チベットの大家の秘密を世界の人々と分かち合えるよう願っています。

さて、今私がみなさんと分かち合えるのは、この絵に表された断然効果的な護身のシンボルだけです。これはチベットに由来するもので

6章 | 厄除けのシンボル

知識を持っているということです。

　厄除けの利用には全員が通じているようでした。多くの風水師は、風水相談を受けると、仕事の過程で危険に出くわすことが多いため、象徴的な厄除けを身につけるのは風水師誰もが心得ていることだと一生懸命説明してくれました。時として、風水の助言に行った家に否定的な霊や影響がつきまとっていることがあり、お守りはそんな家の汚れたエネルギーによって引き起こされる病気や、深刻な苦悩に負けないよう守ってくれると信じられているのです。多くの風水師がたいていは自分の師にもらった様々なタイプの強力な魔除けで防護しているのもこの理由からです。

厄除けのためにこれをコピーして家にかけたいと興味を覚える人々のために複製を作りました

す。亀の腹部の絵で表され、八卦や十二支をはじめ、多数のシンボルが描かれています。

龍とコインは風水の魔除けとして使用できます

　身を守る魔除けの使用は、風水実践を学び理解する文化的背景の一部です。魔除けを身につけることは迷信とみなされる一方、護身に関することは伝統的傾向であるという理由から、魔除けは風水実践を適切に補足し、実際、シンボルを利用する風水を補助するものとみなされるようです。長年の風水研究を通して気づいたもう1つ重要な点は、権威ある風水師はほぼ全員が、ある程度のお守りや魔除けの

ここに紹介しているような龍のお守りは、苦しい、あるいは悪い風水の影響のある家に存在する汚れたエネルギーに害されないよう身を守るのに大変効果的でしょう。

伝統的なコインのお守りは首にかけられました。

洛書と龍亀は
悪い方向を守ります

　八卦の8種の卦の秘密を解き明かそうと、古代から風水学者たちは神秘の洛書と河図に焦点を合わせました。2つのうち、一般によく知られ、魔方陣と呼ばれるようになったのは洛書です。洛書の数字は、縦、横、斜め、どの方向に3つの数字を足しても15になるように並べられています。この数字は太陽暦の24節各節の日数、あるいは新月から満月になるまでの日数に一致します。言い換えれば、洛書は月の満ち欠けの1サイクルを表します。亀の甲羅にある四角形の中の数字を見てください。どの方向に足しても15になるのがおわかりでしょう。洛書の話としては、尊い亀とされる龍の頭を持つ亀が伝説の川、洛水から現れたところ、甲羅には左のような碁盤目にこういった大きな数が描かれていたと伝えられています。この数字は、特定の数字を表す点の形で現れていました。話によると、伝説の皇帝、伏羲が亀の甲羅のこの数字を解読し、八卦と各卦の秘密を解き明かすのに利用することに成功したそうです。その結果、洛書は風水実践の基礎となったのです。洛書は魔方陣とみなされています。尊い龍亀とともに飾ると、良い風水を引き寄せると言われます。また、この洛書と龍亀は、個々の住人の生年月日や性別に基づいてみた場合の有害な方位のために生み出される悪い力をかわす能力も備えています。

　私の著書『風水大百科辞典』をよく知っている人は、この特別な羅盤の法則が正しく適用すればとても効果的であるとわかるでしょう。たまたま主要なドアや部屋の方位があなたにとって吉兆でない家に住み、他に選択肢がない場合、龍亀と洛書を飾ってみてください。
　これは不運な方位による悪い風水の厄除けとなるはずです。

河図と龍亀は悪いフライングスター(飛星)を打ち負かします

　洛書同様、河図の数字も、悪いフライングスターの影響を克服できる厄除けの力があると言われています。フライングスター(飛星)風水になじみのない人々ために説明すると、これは風水の学派の1つで、家がいつ建てられたか、あるいは最後にいつ改築されたかに基づく家の建設記録に目を向けるテクニックを用いるものです。この方法では家の時間の次元の風水を追跡し、主要なドアや寝室がどこにあるかによっていつ悪いことや良いことが起きるかを予測します。これは家の各方面に良い風水あるいは悪い風水の期間があるという前提に基づいており、この期間は日、週、月、年、あるいは20年の期間で区切られます。ここで言う星とは、家のある範囲からある範囲へと移る(飛ぶ)ことによって様々な時期に幸運や悪運をもたらす良い数字あるいは悪い数字のことです。

　フライングスターをマスターするのは時間がかかります。これは風水の中でも複雑なものなので、家のフライングスターを調査する気になれない人は、これからお勧めするずっと簡単なこの特別な方法を用いるのもいいでしょう。ヒントは、ここで紹介する2つのシンボルを飾ることで悪い星の風水を克服することです。

　フライングスター風水になじみのある人は、実際、フライングスターの宅盤は洛書の碁盤目に基づいているのに、洛書ではなく河図の使用を勧めるのはなぜかと不思議に思うかもしれません。これは、フライングスターのより

河図と龍馬

進んだ解釈には、河図の図で良い日や悪い日を決めるからです。つまり、河図は個人の良い日悪い日を決める鍵であると信じられているのです。

　上に並んでいる河図の数字を写し、龍馬の隣に置いてください。それから、リビングのメインとなるドア付近に、ドアに直接向き合わないように飾ってください。メインドアと対角になる位置で、馬がドアを見ているように置くのが好ましいでしょう。

外の毒矢に打ち勝つには八卦鏡を利用してください

　八卦鏡はおそらく風水の護身のシンボルの中で最もよく知られているものですが、同時に最も誤って使われているものでもあります。八角形の八卦鏡には、先天定位に従って周囲の

> 左の八卦は中央に平面の鏡がついていますが、右の八卦は外に突き出た凸面の鏡がついています。

8面にそれぞれの八卦が描かれ、中央に鏡がついています。

　この鏡は家に入ろうとする悪い気やエネルギーを跳ね返すと考えられています。たとえば、鋭い、先端の尖った、あるいは敵意を感じさせる建築物が玄関ドアにまともに向き合っている場合、その建築物と向き合うドアの真上に八卦鏡を置くと、悪いエネルギーはすべて元にあった所へ跳ね返され、ドアと家は守られます。

　ただし、八卦鏡は家の外にかけなければなりません。八卦の作用する方向を考え、外を向いていなければなりません。決して中に向けてはいけません。また、家の中はどこであろうとかけるべきではありません。八卦鏡はそれ自体、直接向き合う住人に害を及ぼす強力な殺のエネルギーを発するからです。

　八卦鏡の中央の鏡は凸面であったり、凹面であったり、平面であったりします。凸面の鏡のついた八卦鏡は外に突き出ており、この鏡は反射して、否定的なエネルギーを送り返します。3タイプの鏡の中で最も有害で、あまりお勧めしません。凹面の鏡のついた八卦鏡は内側にくぼみ、この鏡は悪いエネルギーを中に引き入れ吸収します。

　これは3タイプの鏡の中で最も害が少なく、それ自体の否定的なエネルギーをあまり発することなく悪い風水を矯正するため、最もお勧めです。平面の鏡のついた八卦鏡は最も一般的で、この鏡は悪いエネルギーを吸収することもなければ、倍にして跳ね返すこともありません。

他人の悪意から身を守るために小さな手鏡を持ち歩きましょう

　曾祖母の時代の古い話は、鏡が霊を映すと語っています。私の母は何年間も曾祖母に渡された鏡を持ち歩いていました。"悪い"人々に操られたりだまされたりしないように守ってくれる鏡だと母は主張します。とてもきれいな彫刻細工の入ったシルバー製のごく小さな手鏡です。

　私は大学を卒業するときに母にそれをもらい、何年間も化粧鏡として使っていました。そして、昨年、ヒマラヤのソルクンブ地方に巡礼の旅に出かけたとき、その鏡と別れました。その地域の高徳のラマ——現世に生まれ変わって現在私の神聖なラマとなっている僧——の遺骨を納めた仏塔を訪ねたときのことです。何かが仏塔の前で一種の供え物のように私に鏡を置かせたのです。それ以外に適切な物がなかった

こともありました。ただ、人に鏡を贈るのは幸運を意味するのを知っていたので、まったく自然な行為だったのです。

私は、鏡は適切な敬意を表す供え物だと信じていました。ですが、それ以来、自分の鏡がないと感じ、長い間似たような鏡を探していました。昨年、それを見つけ、複製を作りました。

鏡に関する迷信は多数あります。鏡をのぞき込んで自分自身が見えなければ、間もなく病気に倒れることを意味すると言われます。また、寝室でベッドに直接反射するように鏡を置くのは縁起が悪いと言われます。夜、鏡の夢を見るのは縁起が悪いですが、太陽や日光を反射する鏡の夢を見るのはとても縁起がいいそうです。

贈り物として鏡を受け取ったら、間もなく結婚するか、男児を授かるか、昇進するという意味があります。いずれにせよ、幸運を意味します。仕事をしている人に鏡を贈ると、間もなく画期的な思いがけない高い地位に昇進するという意味になります。

紀元前2千年前から中国ではブロンズ、シルバー、ゴールドでできた装飾的な鏡が使用され、上流家庭の女性たちが持ち歩いていました。こういった鏡が魔法の鏡として実際どのようにして女性たちを悪害から守ったのかについては多くの話があります。

鏡はお払いや祈祷など仏教の儀式でもラマや高僧によって使用されるのが目につきます。最高の魔法の鏡は、中国中部地方で取れた特別な砂で吉日に作られた鏡だと言われています。

白檀の扇は悪いエネルギーをそらすのに優れています

私が初めて世界中で風水の講演を始めたとき、うっかり送られてくる悪いエネルギーをかわすと言われる白檀の扇を持ち歩いたものでした。私の風水師たちは、否定的なエネルギーをそらせるスクリーニング効果に似た性質があるため、扇を持ち運ぶように勧めました。彼らの説明によると、扇には敵意のある気をそらせる力があると考えられているそうです。扇はたいてい白檀に紙を貼り付けて作られているため、私たちは扇を紙の風と考えます。また、厄除けの深遠な力を高めるということで、亀甲が使われている扇もあります。

扇は昔から使われてきました。様々なタイプがあり、形も多様化していますが、やはり丸い形が人気です。折りたためる扇子は日本人の発明で、11世紀に韓国経由で中国に紹介されました。

形に関係なく、扇は男性にも女性にも同様に人気の持ち物です。男性は袖や腰に差し込んで持ち歩いたものでした。そして、宮廷の問題について議論しながら、自分の見解を強調すると同時に、無礼な態度や悪意から自分を守る目に見えない盾を作るために、扇を取り出したのでした。陰謀渦巻く宮廷では、扇は重要な意味のある道具だと考えられていたので

6章 | 厄除けのシンボル

様々な形の扇

五黄の最良の解毒薬はロッド6本のウインドチャイムです

　風水実践で誰もが用心しなければならないのが毎年の五黄の位置です。これはフライングスター風水の一部です。五黄は非常に真剣に受け取らなければならない重要な警告です。五黄の位置は毎年異なります。一般に、確実に五黄に害されないよう、適切な予防措置を取ることをお勧めします。五黄の苦しみに対する最善の治療法は、すべて金属でできた6ロッドのウインドチャイムです。

　また、フライングスター風水の熟練者は、邪悪な呪術を克服する最も有名な中国のヒーロー、鍾馗（しょうき）の大きな絵を飾ることで五黄の影響を克服するよう勧めるでしょう。鍾馗は8万4千の悪霊を配下に持つと言われるため、最高の能力を持つ祈祷師とも考えられています。彼を家に招く（つまり、彼の絵をかける）最良の時期は、太陰暦の5月5日です。彼に家に入ってくるあらゆる人間が見えるよう、玄関ドア近くに置くのがベストです。

　あるいは、お好みで、私のように階段の下の壁にかけてもいいでしょう。こうすることで、鍾馗は2階のすべての寝室が五黄や悪霊の影響を受けないよう守ってくれます。

　鍾馗はしばしば黒い顔でひときわ醜く描かれます。また、たいてい酔っ払っていたと言われるため、周囲を酒壺に取り囲まれるかたち

す。道教哲学者は、宮廷の高官のために特別に作られた名前入りの扇にしばしば魔除けを描いたものでした。上に様々な形の中国の扇を紹介しています。丸い扇には書や吉兆のシンボルがよく描かれます。柄は普通、特別な彫刻で飾られています。

　香料入りの扇、特に白檀の扇は、白檀の特性のために女性に大変好まれます。香港や中国の工芸品店ではとても凝ったデザインの白檀の扇を見つけるのも難しくありません。たいていは女性がハンドバッグに入れて手軽に持ち運べるよう、折りたためる扇子の形になっています。

6章 | 厄除けのシンボル

鍾馗(しょうき)

で描かれることもあります。彼の人生や彼がヒーローになるまでの道のりは中国で人気の民話となっています。

香やリン(シンギングボウル)で定期的に家を清めてください

家の良い風水を常に確実にする最良の方法の1つは、定期的に家の空間を清め、浄化する儀式を行うことです。その最良かつ最も簡単な方法は香、あるいは線香を用いることです。

私は地元で入手できる粉末にした白檀を固めた香を使います。これは線香や神仏用品を販売する店ならどこでも買えます。

私は特別な香炉でゴールドのインゴットに似た白檀の香を燃やします。ヒマラヤの純粋なエネルギーを得るために、ヒマラヤ山頂の特別な香を撒き散らすこともあります(これは入手がとても難しく、しかもとても高価です)。

それから、香を持って家の各部屋に入り、室内を時計回りに歩きます。こうして、うっかり邪気が蓄積しているかもしれない暗いコーナーを香できれいに清めます。

香の煙で空間を浄化するのです。私はこれを月1回、それと居住者間で特に激しい喧嘩がある場合に特別に行っています。こうすることで怒りのエネルギーは一掃され、再び調和が戻ります。また、部屋から部屋へと香を持って移動しながら、お気に入りのマントラも唱えています。

友人のデニス・リン(ネイティブアメリカンに教わった空間浄化のスペシャリストで、有名な素晴らしい人です)に、松の枝を燃やしてできる煙を持って各部屋を念入りに回るネイティブアメリカンの習慣に似ていると言われました。

7つの金属でできたリン

6章 ｜ 厄除けのシンボル

もちろん松の枝はいつも素晴らしい草木独特の芳香を放っていますから、やはりエネルギーをきれいにさわやかにするにはとても素晴らしいに違いありません。もう1つ、私が発見した優れたものは、リンです。この美しい品は感覚を呼び覚ますような非常に素晴らしい音を出し、住空間のエネルギーをすっきりと浄化してくれます。

家のエネルギーが軽く楽しくなっていくのが実際に感じられるでしょう。しかし、この目的にリンを役立てるには、リンはゴールドとシルバーを含む7種の金属でできていなければなりません。

金属の実際の配合は秘密として堅く守られていますが、私は運よくカトマンズの昔ながらの製造業者を見つけ、私のためにリンを作ってもらいました。

これらのリンはサイズは2種類、デザインは様々で、風水グッズの店、風水メガモールのウェブサイトwww.fsmegamall.jpで入手できます。

家のエネルギーを浄化するためにリンを鳴らす練習をしてください

リンは家に驚くほどさわやかなエネルギーを作り出すのに利用できるため、自分のリンが手に入ったら、ぜひそうすることをお勧めします。私は小さなリンを100個と、大きなクリスタルのリンを1つ持っています。

自分の空間を浄化するのに初めてリンを使い始めた頃、その音は耳障りで単調でした。しかし、時を経て、何度も繰り返しリンを使用するうちに、音は次第に清らかになっていきました。すると同時に、家族の気持ちもますますうまく調和していったのです。

リンの音を引き出すには、木の小槌(リン棒)を使ってください。柔らかい木でできたものを手に入れてください。音がかなり改善されるため、小さな布の布団にリンを置くのもいいでしょう。リンの鳴らし方は2通りあります。1つ目はリン棒でしっかりと叩く方法です。長く響く音がするまで数回練習し、それから時計回りに各部屋を回ってください。リンを鳴らすたびに、音の響きが次第に清らかになるのが感じられるでしょう。

2つ目の方法は、初心者には少し難しいです。しかし、より研ぎ澄まされた音を出す方法です。木のリン棒を使い、リンの外側の縁に押しつけます。

それから、しっかりと(強く押しすぎないこと)時計回りに(つまり自分のほうに向けて)リンをこすってください。最初は何も聞こえないかもしれませんが、圧力の加え方がわかってくると、リンは間もなく音を立てるようになります。音の立て方がわかれば、あなたの空間のすべてのエネルギーを浄化する、歌うような音を生み出すこの方法を用いてください。

リンを見つけるのが難しければ、金属の鐘を代用してもいいでしょう。やはり木の小槌を使って鐘を鳴らし、家のエネルギーを清めるのに使ってみてください。

秘訣は圧力を加えることですが、決して加えすぎないということを覚えて置いてください!

7章
吉兆を表す仏教の八宝

仏教の世界には吉兆を表す物が8つあります。これら幸運のシンボルはインドとチベットに源を発しますが、迷信深い中国人たちに熱狂的に受け入れられ、風水実践に組み込まれたのでした。吉兆の八宝の1つ目は、人類の果てしなく続く復活、すなわち輪廻を意味するミスティックノットです。また、このミスティックノットは、人が幸運を手にすることに成功したときに、その幸運が続くこと、つまり、すでに達成した富と成功を守ることを意味します。それから、巻貝があります。これは旅と通信の幸運を意味します。

天蓋は保護の強力なシンボルであり、花瓶には喜びと幸福の美酒が入っています。輪宝は本物の知恵や学識に恵まれる幸運を表し、2匹の魚は物質的な豊かさを意味します。蓮は純潔を意味し、壺は家族の富の蓄積を象徴します。

ミスティックノット

　ミスティックノットは終わりのない飾り結びとみなされ、"自らの尾を飲み込む"と言われます。このシンボルは、始まりもなければ終わりもないという深遠な意味を暗し、仏教信者の言う輪廻、霊魂が何度も転生し生まれ変わるという哲学を反映しています。つまり、ミスティックノットは、人は存在に関するこの偉大かつ崇高な真実にいったん気づけば、輪廻という終わりのない誕生のサイクルから自由になる方法を探し求めるということを思い出させる素晴らしいものです。

　輪廻および再生のサイクルから自由になること、それがいわゆる解脱です。伝説の仏教信者たちはみんなこの解脱に達しようと努めています。

　このしるしは、ヒンドゥー教の神ヴィシュヌの胸にも見られます。また、仏陀の足裏にある8つの紋の1つでもあります。

　精神的意味合いは少なくなりますが、ミスティックノットは病気、後退、苦難に妨げられることのない長い人生を表す1つの人生のシンボルとも考えられます。

　この観点から、ミスティックノットは別名ラッキー結びとしても知られています。この意味で、家具に彫刻したり、カーペットに織り込んだり、衣服に刺繍したり、屏風や磁器製品に描いたりと、様々に利用できるとても人気の装飾シンボルとなっています。

　鉄格子、ドア、家具などのデザインや模様に組み込んで簡単に利用できるモチーフとして、風水でも重要です。

　ミスティックノットは長寿と健康の素晴らしいシンボルです。不朽の愛の申し分ない象徴とする人もあり、そのため、結婚で愛が続くことを願うのにふさわしい縁起のいい愛のシンボルともみなされています。

　そのため、これもベッドや家具に彫刻できるとても素晴らしいモチーフです。この模様を窓の格子のデザインに組み込んでもいいでしょう。

ミスティックノットをモチーフとした表現

旅行運を招く
巻貝や子安貝の貝殻

　巻貝や子安貝の貝殻は順調な旅のシンボルです。素晴らしい旅行運を表し、頻繁に出張のある人に特に適しています。貝殻は王位や王の取り巻きのしるしでもあります。王族に仕える

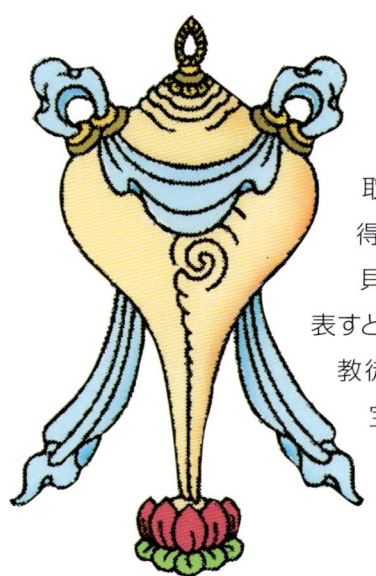

7章 | 吉兆を表す仏教の八宝

仕事に携わった人々は貝殻のシンボルを室内装飾に取り入れて利益を得たものでした。貝殻は仏陀の声を表すと言われるため、仏教徒の吉兆を表す八宝の1つでもあります。また、仏陀の教えがあまねく普及することを意味します。精神的なレベルで、仏陀の教えが遠くまで及ぶ本質的かつ深遠なものであることを意味します。貝殻は仏足紋の1つでもあります。ゆえに、仏教徒は貝殻を縁起のいい物と考えます。たいてい、金箔や銀箔をきせた紫檀の台座に載せて飾られます。仏壇の供え物として飾るために、海で集めた本物の素晴らしい貝殻を買い求める人も多いです。風水の観点では、貝殻は海からビジネス運を引き寄せるために利用できます。輸出貿易に携わる人や外国との取引に会社の成功がかかっている人は美しい子安貝を飾ることを考えてもいいでしょう。これは海のリゾート地のおみやげ店で買えます。マレーシアの熱帯の島々で集めた素晴らしい本物の貝殻は値段も安く、風水にも大変適しています。

貝殻は様々な仕事、ビジネス、企業に携わっている人々にとって、よく認められ、有名になり、尊敬されるという利益を得るすぐれたシンボルでもあります。名声や評判運を招くために、海で取れた本物のかなり大きな貝殻(6-8インチくらい)をリビングの南の方角に置いてください。子安貝の貝殻はその場所のエネルギーを強めるために北東や南西に置いてもいいでしょう。北東の強力なエネルギーは素晴らしい教育運を招き、南西の強力なエネルギーは人間関係運を高め、改善します。

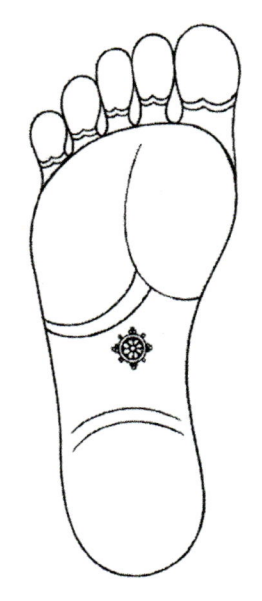

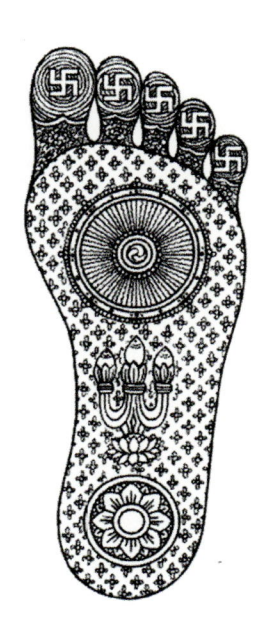

富と防御のための2匹の魚

魚の素晴らしいシンボリズムについてはすでに述べましたが、魚は豊富さ、富、調和、夫婦の幸福を表します。ペアで表されると、魚のシンボルは単に2倍の幸福を意味するだけでなく、恋人同士や配偶者同士が肉体的に結ばれる喜びをも意味します。

仏教の観点では、2匹の魚は厄除けと考えられることがあります。ペンダントとして身につけたり財布の中に入れておくと、害悪や事故を避けたり、伝染病や悪意に屈するのを防いだりする効果的なお守りになります。仏教徒の国、タイでは、2匹の魚のシンボルは24金で入念に仕上げられ、裕福な家の子供たちが厄除けとして身につけます。こういった魚のお守りは神聖な僧侶によって清められ、さらに金箔に魔除けを刻んだものを魚の腹に収めて強化されることも非常に多いです。また、魚は水の中をあらゆる方向に楽々と泳ぎます。仏教における魚のシンボルのもっと深遠な意味を説明するなら、それは仏陀の教えを完全に理解しようとする人々が、どの方向に進もうと障害も妨害もない場所を自由に泳ぐ魚にたとえられているということです。

　大きな功徳を得られると言われる素晴らしい仏教的行為の1つは生き物の解放です。つまり、魚を解放すると、幸運がもたらされます。たとえば、食べるつもりで魚を買ってから、それを放すのは、とても良い行為になります。これが無理でも、レストランで生きている魚、すなわちまだ生きて泳いでいる魚を食べるのをやめることはできるでしょう。

　食べるためにわざわざ魚を殺させるのは魚の解放とは正反対の行為です。すでに殺された魚を食べる場合は、死体を食べるわけですから、否定的なカルマが生まれることはありません。私が活魚を食べるのやめたのはこの理由からです。そんなことをすれば悪運がもたらされるだけでなく、否定的なカルマが生まれるからです。

純粋な思考や意思を表す蓮

　蓮は純粋さと完璧さのシンボルです。仏教では、蓮は悟りの境地に達したことを意味します。蓮の花びらは仏陀の教えの真理を象徴すると言われます。仏陀は一般に神聖な蓮に座って

豊かな幸運を享受するために家のどこかに縁起のいい2匹の鯉を飾ってください。財を得たいなら、繁栄運を引き寄せるためにあなたの富のコーナーに置いてください

チベットに仏教をもたらした僧は蓮から生まれたと言われるため、蓮華生(蓮から生まれた仏陀)と呼ばれます。チベットではグル・パドマサンバヴァとして広く知られ、時にはグル・リンポチェと称されることもありますが、中国人にはやはり蓮華生と呼ばれています。

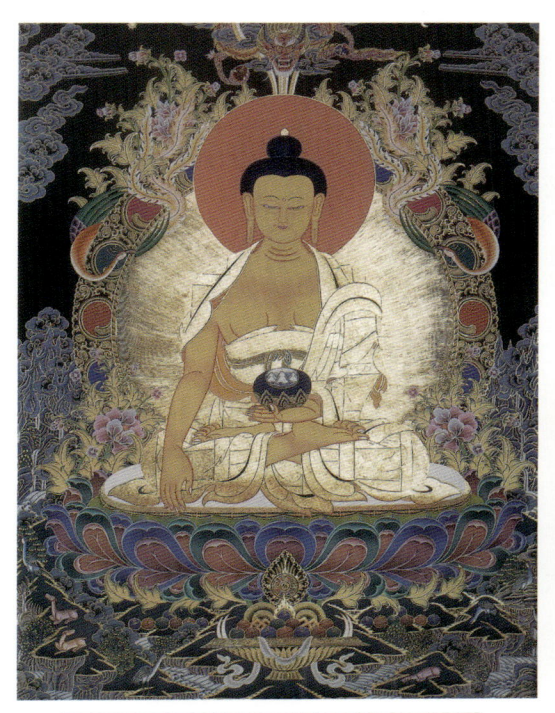

蓮に座り、蓮華座を取る仏陀、すなわち釈迦牟尼

いる姿で表されます。背筋を伸ばし、前で下肢を折りたたんだ姿勢は蓮華座と呼ばれます。

仏教の僧侶や信心深い人々は瞑想したり経をあげたりするときにこの姿勢を取ります。仏教の法を学ぶ生徒たちも蓮華座で瞑想したり、教えを受けたりします。下肢を折るこの窮屈な姿勢に不慣れな人もたいていこの座り方を練習するよう勧められます。それは、この姿勢が最も効果的に体を静かに保ち、瞑想を助けるからです。また、背筋を伸ばすと、体内の気の流れを促進すると言われています。

慈悲の菩薩の真言"オム・マ・ニ・ペ・メ・フム"は蓮の真言であり、これを何千回も復唱することで祝福の雨がもたらされます。慈悲の菩薩は観音菩薩と言われ、この真言は観音の真言となります。

蓮のキャンドルは家に幸福と幸運の祝福をもたらすでしょう。愛情運を活性化するために南西に飾ってください。途切れない社会的向上を願う場合は南に置いてください

天蓋は防護の強力なシンボルです

天蓋には旗、のぼり、傘の意味も含まれます。従って、この3アイテムのいずれかの形で表される場合があります。天蓋は仏教的意味で勝利を象徴しますが、仏教における真の敵は利己的な自我です。仏教徒は自我の克服に成功することが比類ない悟りの境地に達する道のりにおける最も重要な最初の第一歩であると信じるため、天蓋が吉兆のしるしの1つとなります。

世俗的なレベルでは、天蓋は最高権力者の傘という意味を持ちます。天蓋は最高の敬意を表される者のしるしです。威厳ある高い地位のシンボルなのです。従って、天蓋や傘はある意味で、仕事における勝利や成功を表すと言えます。

　傘は否定的な影響から身を守る防護のシンボルでもあります。玄関ドアのすぐ外に傘を置けば、強盗や悪意のある他人から家を守れると信じられています。

　また、シルク製で房飾りがついた吉兆のしるしを描いた傘を家の中に置けば、良い厄除けになると言われています。そういった傘は玄関ドアと対角に置くべきでしょう。

　熱心な仏教国、タイでは、傘作りの技術が高度に発達しています。竹や紙で作られた良い意味を持つ素晴らしい装飾品となるみごとな傘は、チェンマイ北部の町で買うことができます。

　傘は結婚の儀式でも重要な役割を演じます。結婚する男性は花嫁のほうに向かって歩いていくとき、シルクの傘を差しかけてもらわなければならないと考えられています。これは、結婚後、その男性が名誉ある高い地位に就くことを意味します。一般に、傘を差しかけてもらえるのは非常に高い重要な地位にある男性だけだからです。

　もう1つ、とても縁起がよく厄除けにもなると言われる傘の儀式に、分娩中の女性に傘を差しかけることで安産を確実にするというものがあります。これは、シルクの傘を使用する象徴的な儀式です。

幸福と功績の蓄積を表す花瓶

　花瓶は平和と調和のシンボルであり、花瓶に花を飾る場合、どんな種類の花を飾るかによって実に様々な象徴的な意味があります。仏教における吉兆を表す八宝の1つとしては、花瓶は純粋な美酒や、白い光で表される仏陀の祝福を受ける容器を象徴します。花瓶は心の平穏と幸福をもたらします。

　風水の観点では、大きな花瓶がいくつかの意味で使用されます。花を入れて用いる場合、四季の花を入れるのがいいでしょう。どんな組み合わせであろうと、年間を通して家を平穏にします。花は生花である必要はありません。夏の牡丹、秋の

7章 | 吉兆を表す仏教の八宝

菊、冬の蘭、春の梅など、シルクでできていてもかまいません。松や竹と一緒に入れると、長い穏やかな人生を意味します。3本の鉾槍（ほこやり）の模型と一緒に入れると、出世階段をうまく（かつ平和的に）上るのに成功することを意味します。また、花瓶は富の花瓶（宝瓶）にすることもできます。これについては、本書の富と繁栄のシンボルの章のいたるところで説明しています。吉兆のシンボルを入れた花瓶はキッチン以外、家のどこに置いてもかまいません。ただ理想を言えば、生花は寝室に置くべきではないでしょう。

花瓶や壺を買うときは、祖先の遺灰や遺骨の保管に使うタイプのものを買わないよう気をつけてください。こういった壺が良質の磁器で作られることはめったにありません。また、漆やブロンズも使われないでしょう。

たいていの場合、最低2、3フィートの高さの陶器です。一般に骨壺と呼ばれ、花を入れたり宝瓶にしたりするには適していません。たいてい、ここに紹介している壺のような形をしています。確実な方法は、ここにあるような蓋のついたものではなく、口の開いている花瓶を買うことです。

真の知恵と知識に恵まれる輪宝

神聖な輪（輪宝）は仏陀の足裏にあると信じられている吉兆のしるしの1つです。輪廻、真実の輪、千のスポークの輪、宇宙の輪など、様々な解釈があります。これは、崇高で賢明な仏陀の教えの真実を象徴します。また、輪宝は仏陀自身を象徴すると言われることもあれば、田で収穫する稲から輪で米を取る神聖な者を表すと言われることもあります。輪宝のスポークは仏陀が発する神聖な光の一筋を表します。輪の回転はグルやラマと呼ばれる正統な師によって教えられる仏陀の教義、すなわちダーマ（法）を表します。大乗仏教、特にチベットの大乗仏教では、正統なラマは仏陀の感化を受け、仏陀と分かつことができないと考えられています。

のスポークで描かれ、もう一方の足では、輪にいくつものスポークがあることが象徴的に描かれています。

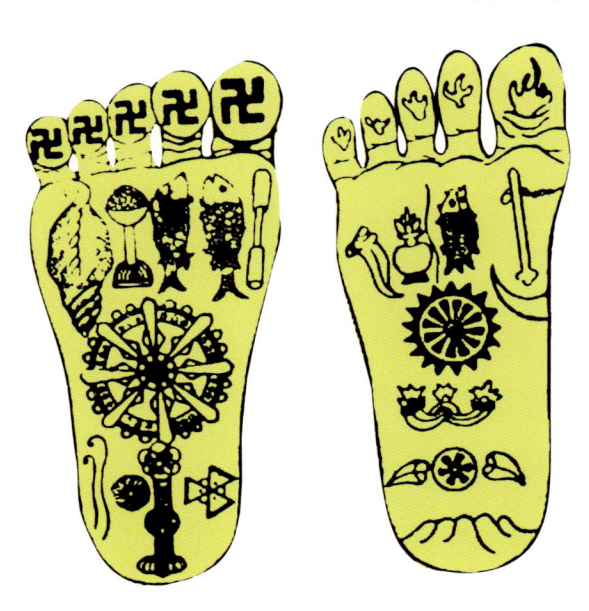

風水の観点では、輪は心の中の風水を表します。輪は存在する三毒の克服を意味します。三毒とは愚かさ、怒り、貪欲で、人間の苦しみの根源となる三要素と考えられています。つまり、輪はこういった人間の苦しみを引き起こす3つの毒矢に打ち勝つことによる苦しみの打破を象徴します！家に輪のシンボルを置くことは、心の平穏と知恵の発達を意味します。人生の真の意味を探し求めている人には特にふさわしいでしょう。

たとえば、ダライ・ラマ法王は慈悲の菩薩の生まれ変わりとみなされています。慈悲の菩薩は、インドやネパールではアヴァローキテーシュヴァラ、チベットではチェンレーシ、中国では観音菩薩として知られています。

神聖なダーマの輪（法輪）は左下の仏足紋の両方に表れています。一方の足では、輪は8本

貴重な遺品を入れる壺は宗教的なシンボルです

この壺は蓋のある花瓶のようですが、祖先の遺骨を納める壺とは違います。吉兆の壺は、聖人や高僧の神聖な遺品を入れる容器と考えられています。これはそういった遺品を入れる容器である壺を吉兆の品と考える仏教徒に非常に尊重されています。この壺は仏陀の足裏に見つかったと言われるシンボルの1つです。

この壺は物質的利益や恩恵をもたらす風水のシンボルではありません。ですが、仏教徒として、高僧の遺品を非常に尊く思い、それを仏壇に置くことで我が家に大きな祝福があり、私の行いを大いに高めてくれると信じています。これは風水に基づくことではなく、私の精神的および宗教的信仰です。ですから、風水として家にこういった壺を置くことをお勧めしているわけではありません。このシンボルを本書

7章 | 吉兆を表す仏教の八宝

に含めたのは、これが仏教において吉兆を表す八宝の1つだからです。

　中国では仏教が広く普及し、仏教の慣例に関連するシンボルはすべて多くの伝統的信仰に組み込まれており、その1つが風水なのです。吉兆と考えられている物の背景を理解することは、読者の方が家にそれを置くか置かないか決めるのに役立つはずです。

富の壺として用いる

　上記の意味はともかく、こういった壺は家の富のシンボルを入れる容器として使ってもいいでしょう。つまり、貴石、ゴールドのインゴット、古いコイン、その他の貴重なもので満たして富の壺にするのです。それから、壺に蓋をして寝室に隠します。そんな富の壺をお考えなら、吉兆のデザインが描かれた壺を選んでください。この目的には龍やコウモリのイメージが素晴らしいでしょう。

　風水師の中には、壺を貴重な品でいっぱいにして庭の西側に埋めると、縁起のいい土地になり、これによって素晴らしい富の風水が出来上がると言う人もいます。

　これは裏庭に宝物を埋めるのと似ています。

八宝を全部一緒にすると、全体的な幸運がもたらされます

　次のページで紹介するのは、仏教の八宝を組み合わせて1つのシンボルにまとめたものです。八宝をすべて一緒に飾ると、家に完全な幸運がもたらされると信じられています。つまり、家族の物質的幸運だけでなく、心の平穏と真の幸福をもたらす精神的幸運も含めた総合的な幸運です。

　実際、多くの家庭では、幸運を願って八宝がプリントされたり縫い込まれたりしたのぼりや壁掛けが飾られています。

　この8つのシンボルはひとまとめにして絵として壁に飾ってもいいですし、あるいは、8つを別個に描いたものを厚手の生地に刺繍して掛け物にし、部屋の前のドア飾り、部屋の仕切り、あるいは屏風にして飾ればもっといいでしょう。私は良い生気を歓迎するために八宝を刺繍したものを玄関ドアの両面にかけています。

　風水の道具としては、これら八宝を描いた壁掛けは、1直線上にドアが次々にあるという悪い風水に打ち勝つための優れた解毒剤になります。こうして用いると、ドアカーテンとなり、すばやく移動する殺気を鈍らせ、縁起のいいものに変えます。何らかの部屋の仕切りが必要なときは、この八宝を刺繍した壁掛けを使うのもいいでしょう。

7章 | 吉兆を表す仏教の八宝

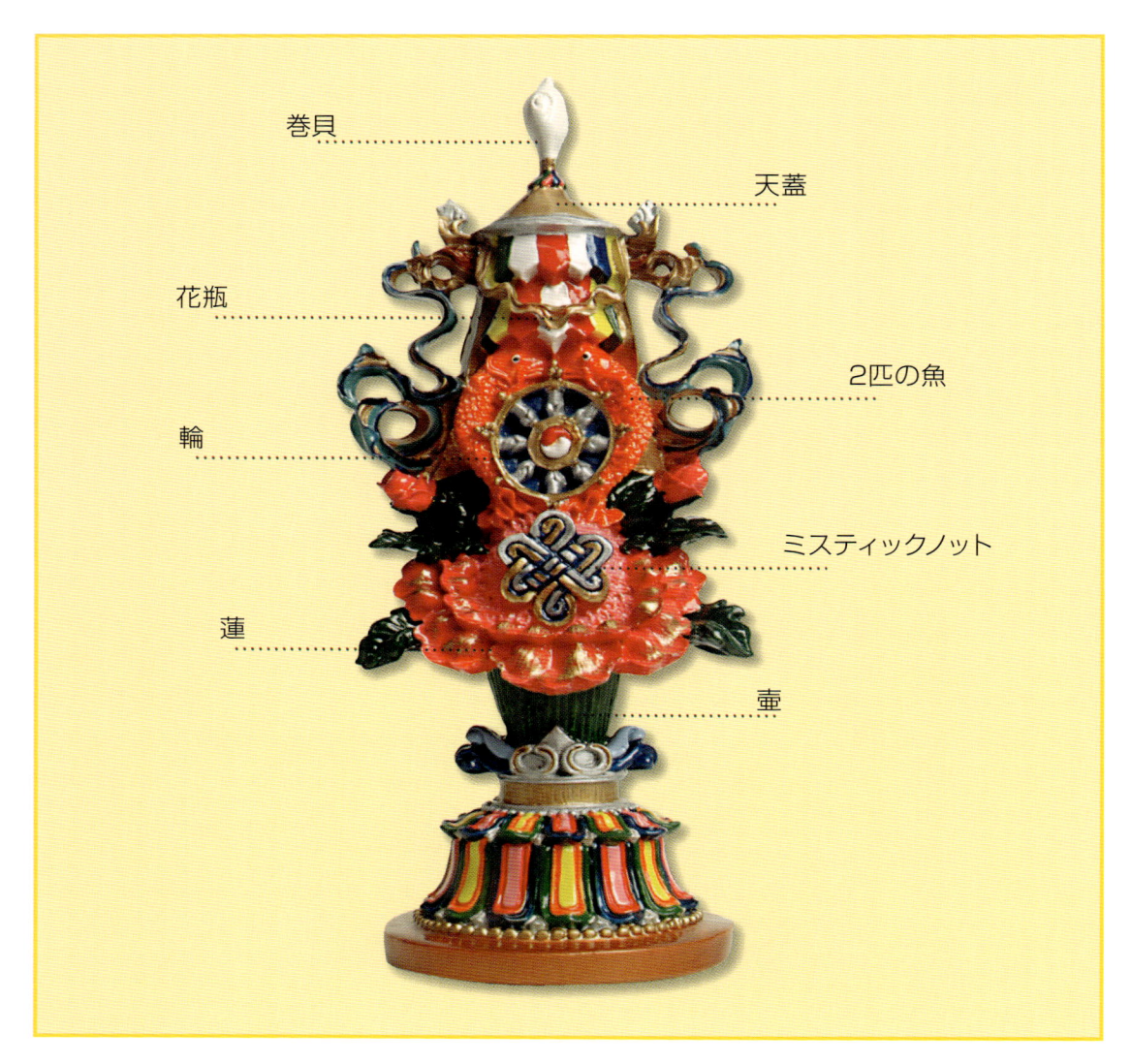

- 巻貝
- 天蓋
- 花瓶
- 2匹の魚
- 輪
- ミスティックノット
- 蓮
- 壺

たとえば、ドアが階段に近すぎる場合、悪い気に打ち勝つために八宝のドア掛けを利用してください。

8章
尊い8つの宝物

風水の尊い8つの宝物は、前章の吉兆を表す八宝と部分的に重なりますが、この章では、風水の観点から8種それぞれのかたちで物質的な繁栄や豊かさを象徴します。たとえば、尊い花瓶はここでは貴重な宝石や価値のある物がいっぱい入った宝瓶を意味します。とても恵まれた女家長の富を象徴するもので、女家長は家族のために宝瓶を隠しておきます。

また、尊い輪は知識の輪で、学問で最高レベルに達することを意味します。この2つは前章ですでに説明した仏教の八宝と重なります。尊い宝石は偉大な富の明示を意味します。宝石はダイヤモンド、クリスタル、その他の宝石いずれでもいいでしょう。尊い女王は強力な女家長を意味します。尊い将軍はたいてい戦いの神、関公を意味し、あなたに害を及ぼす人々に対して防御し、安全を守る役割を果たします。つまり、空間の守護者です。また、軍の高官のシンボルでもあります。

尊い大臣は一般国民の問題を処理し、平和と繁栄を確保します。尊い馬は承認運や名声運をもたらし、名を広めます。尊い象は多数の男子後継者と良い子孫運をもたらします。タイでは、象は大変愛され、崇められている動物です。

これら尊い8つの宝物は、仏教の祈祷に用いられる曼荼羅の一部に含まれています。曼荼羅はそれ自体が家に置ける最高の吉兆のシンボルです。

偉大な富が現れることを意味する尊い宝石

　宝石の中でも最高のシンボルはダイヤモンドですが、富運を引き寄せるために家に飾れるようなクォーツクリスタルでできた美しいダイヤモンドのイミテーションがあります。風水で宝石の効力が信じられているのは、宝石が、心の中で作り出されてから曼荼羅に組み込まれたと言われる尊い8つの宝物の1つだからです。曼荼羅は本来、仏教やヒンドゥー教で見られ、多くの寺や寺院では、着色した砂で描かれた驚くほどみごとな曼荼羅が様々な儀式や祈祷のために制作されます。ダイヤモンドの形にカットしたクリスタルの宝石は、人間関係における豊かな運を刺激するために廊下や寝室の南西に、また、勉学や教育における豊かな運を願って北東に置いてください。また繁栄のために西あるいは北西に置いてください。

魔法陣のペンダント

翡翠

　しかし、中国人にとっての尊い宝石は彼らお気に入りの宝石、翡翠です。翡翠は白から緑のあらゆる色合いがあり、中でも、半透明の緑色の翡翠は最も尊く、最も価値があります。翡翠は幸運を願って身につけると極めて縁起がいいと考えられています。このため、翡翠は、高い地位のしるしとしてベルトや頭飾りの装飾に広く用いられてきました。また、翡翠を身につけると、病気や健康不良の厄除けになると言われます。翡翠は身につけた人の体を強くするとも信じられています。たとえば、女家長は手に翡翠のバングルをつけるのを非常に好みました。これは、ひんやりした翡翠の表面が確実に常に肌に触れるからでした。

　吉兆を表す物の美しい彫刻は、その象徴的意味を高めるために翡翠でできています。60歳、70歳、80歳など、めでたい誕生日を祝う家長は、男らしさを表す強力なシンボルである翡翠のロッドや翡翠を彫った長寿のシンボルを受け取ることで大いに利益があるでしょう。こういったシンボルの中で最も人気があるのは桃です。翡翠で作られた桃はこの上なく素晴らしく、しかも吉兆です。

　また、天の神は翡翠の皇帝とも言われ、これは宝石それ自体に神聖な特性や性質があると長い間考えられていたことを示唆しています。

尊い女王は女家長の精神を象徴します

尊い女王は女家長の本質と精神の典型です。強力なシンボルであり、なじみのある女王の絵をかけると、家の母親や女性たちのために常に良いエネルギーが生み出されます。中国文化でほとんど常に言及される女王は、道教における伝説の天の女神で、外洋を航海中の船の安全と好天を保証すると信じられているため、船乗りの守護女神と言われることもあります。この女王は媽祖婆として知られています。この尊い女王は仏教の曼荼羅の一部でもあり、この関係から、皇帝に相当する女性とみなすことができます。つまり、家にこの女王のイメージを飾るのは素晴らしいと言えます。

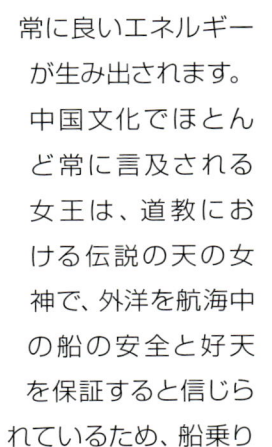

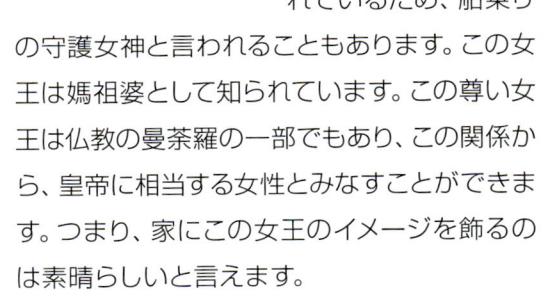

女家長の精神の本質を象徴するのは八卦の坤の位置であるため、活性化する方面は南西です。

この女王との関連で引き合いに出されるのが"西の女王、西王母"です。家に西王母のイメージを飾ると、大きな幸運がもたらされると言われています。

この女王は、崑崙山脈の山頂にある至福の王国に住むと信じられる伝説の高貴な女性です。一般に鳳凰に座り、2人の侍女を従えている姿で表されます。

侍女の1人は大きな魔法の扇を振り、もう1人は庭で育った不老不死の桃の盆を持っています。このイメージは何年間も幸運をもたらします。

尊い将軍は悪い風に対して家庭を守ります

世界のほとんどすべての文化に軍のヒーローがいます。中国の尊い将軍に相当するのは、中国史の三国時代の英雄たちです。風水では、軍の指導者は、家庭に吹きつける悪い風から守る守護を象徴します。次のページに紹介するのは中国史上最も有名な将軍、関帝で、後に関公として知られ、戦いの神として神格化されました。関公はついには富の神にもなっています。このように、関公には様々な肩書きがあるた

8章 | 尊い8つの宝物

そういったイメージはかなり高い位置に置いてください(つまり、コーヒーテーブルは不適切です)。尊い将軍は家の入り口が見渡せる有利な位置に置くべきです。可能なら、玄関ドアの真正面に向き合うかたちで立たせてください。将軍の像が武装していたらより意味深いです。従って、関公の像を飾るときは、関公が剣を持っていることを必ず確認しましょう。馬に乗っている将軍にも良い意味がありますが、その場合、馬をまっすぐドアに向けないようにしてください。

め、家に置くのに非常に重宝です。家に彼のイメージを置くと、玄関ドアと直接向き合うかたちで置くと特に、彼のすさまじい顔が、ドアを入ろうとする悪いものや殺気をすべて脅して追い払います。否定的なエネルギーはすべて、関公のいる所には入ってこないと信じられています。また、彼の2人の兄弟の像も家に置くのに縁起がいいと考えられています。

　家に中国の神々を置くのが気になる人は、勇敢さ、勇気、大胆不敵さを象徴する軍人の像を置くことを考えるのもいいでしょう。あなたにとって尊い将軍であればいいのです。イギリス人ならワーテルローの戦いの英雄でもいいでしょう。フランス人ならナポレオン・ボナパルトでもいいでしょう。アメリカ人なら、アイゼンハワー将軍やコリン・キャンベル、あるいはあなたが英雄だと思う誰でもかまいません。要は実在の軍の指導者のイメージを置くということです。

尊い大臣は
平和と繁栄を保証します

　家庭がうまく管理されていると、そこには調和と繁栄があるでしょう。尊い大臣の存在はその状態を暗示します。彼の存在はさらに次のタイプの幸運をも意味します。

- まず、権力の回廊で成功している有力な家長から家族は利益を得られるでしょう。尊い大臣は家の保護者であり後援者であると考えられています。
- 2番目に、家族は裕福であり、そのライフスタイルと住まいを維持できるだろうとほのめかします。つまり、長く続く堅実な幸運を意味します。
- 3つ目に、尊い大臣は家庭が常に調和の取れた状態であることを保証します。これは、同じ屋根の下に住む様々な女性たちはもちろん、兄弟姉妹の間が円満にうまく行くことを意味します。昔、第二夫人や未婚の姉妹たち

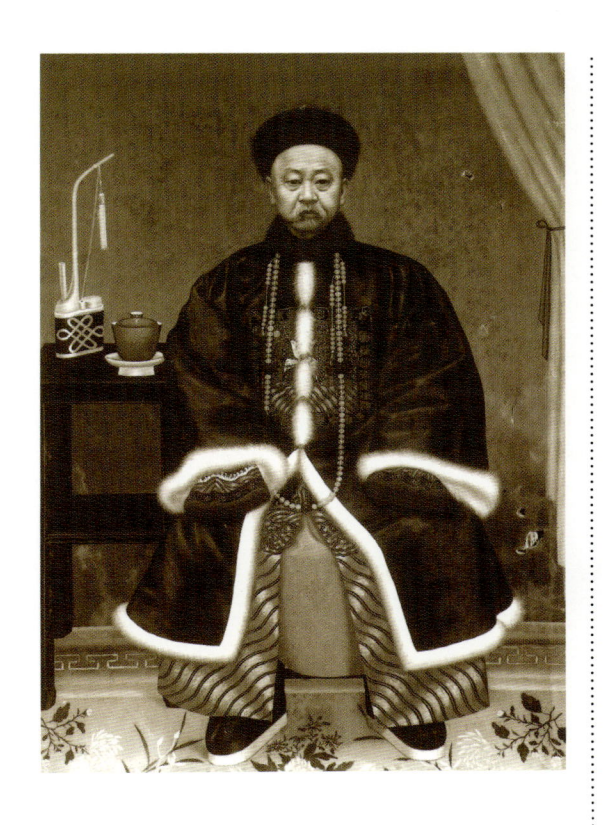

義に基づく成功を意味します。高く認められた名誉ある家長が家にいる場合は、家に正装した家長の写真を飾るべきです。大臣と一緒に写した写真は良い風水であり、リビングのサイドボードかピアノの上に目立つように飾るべきです。また、家に有力な男性(あるいは女性)のシンボルを飾れば、権力や成功のしるしはとても前向きなかたちで周囲に浸透するでしょう。

尊い馬は
忍耐、忠実、純潔を表します

　馬は干支の7番目の生物です。仏教では、忍耐、忠実、純潔を表します。尊い物を積んで描かれている馬は尊い馬です。それは快適な生活を熱望する気持ちと高い地位に就くことを表します。つまり、承認運と快適な生活をもたらします。ここで紹介しているのは背中に素晴らしい尊い供物を載せた尊い馬です。

　貢物を載せた馬は同じ意味で縁起のいいものです。風水では、馬は陽のエネルギーを象徴し、干支で馬が表す方角は南です。南を十分活気づけたいなら、最善の方法は家のその方角に貢物を載せた馬か尊い馬を置くことです。翡翠や象牙を彫ってできた美しい馬もあり、中には宝石で飾られているものもあります。こういった馬は尊い馬の真のシンボルであり、家の南の方角に置くことで、承認運が活気づけられるでしょう。仕事で成

が同じ家で同居していた時代、家庭の調和や平和は、常に良い風水の家の証明でした。
● 4つ目に、尊い大臣は優れた人間の最も気高い性質を象徴します。その性質および特性は家の息子の性質でもあると考えられ、ゆえに、息子たちが成功するのを促進します。

　私は家に、賢明な判決で有名な判事、包公の特によくできた陶磁器の像を置いています。私にとって、彼は道

包公

尊い象は世界を支える力を持つと言われています

象は仏教における尊い聖なる動物の1つです。タイでは、尊い象は常に国のイメージと強く関連づけられます。ミャンマーでも象は特別視されています。仏陀は、白い象として母親のわき腹から入って宿られたと言われます。このため、今日でも白い象を見るのは幸運の兆しであると考えられています。一方、ヒンドゥー教の神話では、世界は亀の上に立つ象の背中にあるとされています。また、ヒンドゥー教の最も有力で人気のある神の1人、ガネーシャは象の姿で描かれます。

中国の大乗仏教では、象はしばしば背中に蓮の花を乗せた姿で表され、その上には中国語で文殊菩薩、チベット語でマンジュシュリとして知られる知恵の菩薩が座っています。尊い象は願いを認める宝石や仏陀の神聖な乞碗の運び手ともみなされます。タイ人は、白い象は未来の仏陀を出現の兆しと信じ、白い象を国の国家的シンボルに採用しました。

功したい人、特に才能や努力をそれなりの人に認められたい人は、南にこういったシンボルを置くべきです。

いつ南を活気づけたいですか?

- 第1に、八宅風水の八卦の法則において南が良い方角の1つであるときです(その法則については私の著書『風水大百科事典』を参照してください)。八卦の法則に従って人にはそれぞれ4つずつ良い方角と悪い方角があります。それがどの方角にあたるかを知っておくと非常に有益です。もし南が良い方角なら、活気づけるべきです。
- 2つ目は、あなたの南方面のフライングスターが吉兆と考えられるときです(あなたの家のフライングスターの法則については私の著書『リリアントゥー フライングスター風水占い』を参照してください)。
- 3つ目は、名声、承認、良い評判を得るなど、南が象徴する大望を激励したいときです。

貢物を載せた馬のリング

8章 | 尊い8つの宝物

象は受胎や子孫運の神聖なシンボルです

　旅行者が中国北京郊外の明朝の墓地に続く長い道に行くと、道沿いに巨大な石の象を見ることができます。象はひざまずいたり、立ったり、座ったり様々です。私は何年も前、風水の知識の一環として明の皇帝の墓を尋ねたときに下の写真を撮りました。中国での明朝創設時は風水が大きな役割を果たし、明王朝の全治世を通して風水師は頻繁に宮廷に呼ばれ、相談を受けたそうです。また、首都郊外に位置する明王朝の墓は、風水の原理に厳密にのっとって建てられ、青龍の丘と白虎の丘に抱かれるように存在しています。

　私は墓に続く道に入るとすぐに石の象に気づきました。すると、ガイドさんが、道沿いに並ぶ象は手で撫でた人に素晴らしい子孫運を授けてくれると言われていると教えてくれました。また、その日の夜遅く、男の子が欲しいと願う夫婦だけでなく子供のいない夫婦までが道沿いでひざまずいている象を撫でた後に願いが叶ったと風水師から教えられました。

　この信仰はある程度迷信的でもあり宗教的でもあります。象が子供を授かるシンボルになったのは、仏陀の出生にまつわる話に由来します。もちろん、仏陀は白い象となって母親の胎内に入ったと信じられているか

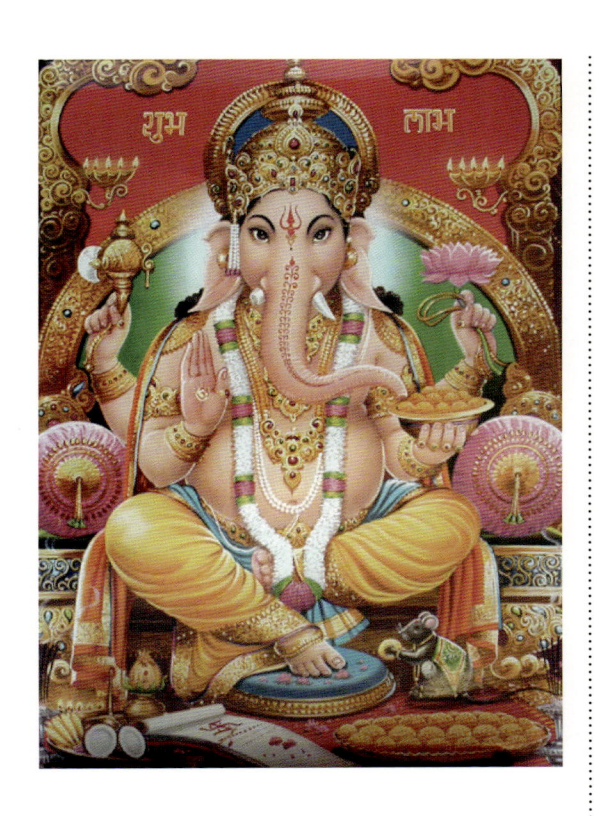

　こうして、アジアでは象に神聖な地位が与えられたため、古い世代の仏教徒たちは象を普遍的な支配力のシンボルとさえ思っています。象のイメージには限りなく善良で恵み深いものがあります。象が多くの善を象徴すると信じ、仏壇や祭壇に仏陀への供え物として小さな象のイメージを置く人は大勢います。幸運のシンボルとして家に尊い象を飾りたい場合は、尊い物を入れたかごを背中に置くといいでしょう。これは象が縁起のいいものを家にもたらすことを意味するからです。家の中でも外でもかまいませんので、玄関ドア近くに1対の象を置いてください。

　象の背中に花の咲く植物や何か吉兆を意味する物を置いてもいいでしょう。象は世界を支える力とエネルギーを持つと言われています！

らです。以来、象は好ましい受胎のシンボルとみなされるようになったのです。

どうしても子供が欲しいという人はひざまずく象のイメージを仏壇や祭壇のそばに置き、息子を願うのもいいでしょう。あるいは、寝室に象のイメージを飾ってもいいでしょう。ベッドの隣に1対の木彫りの象を置いてください。

この願いを叶えるのに風水が本当に役立つよう二重に確実にしたい場合、子供のいない夫婦は夫の延年の方角に頭を向けて眠るのもいいかもしれません。

曼荼羅の宇宙観に見られる宝物

曼荼羅は最高の吉兆のシンボルです。曼荼羅は、現実のもの、心の中で創造されるもの、すべての尊いものが同心円中に一緒に置かれる純粋な宇宙を意味し、仏陀への特別な供え物として用いられます。右に紹介するのは、精巧かつ入念に作られた砂の曼荼羅です。こういった曼荼羅の制作には特別に準備された様々な色の砂が使用されます。このような曼荼羅を家に置くのは非常に縁起がいいと言われます。大乗仏教の信者たちは、特別な儀式が行われるときや特に重要な礼拝があるとき、必ずこのような曼荼羅を作ります。たとえば、聖ダライ・ラマが教えを授けた後に儀式を行われたときは必ず僧侶や弟子たちは供え物として適切な曼荼羅を作ります。曼荼羅を作るには技術と技能が必要です。最高の曼荼羅製作者はインド、ネパール、チベットの僧侶でしょう。曼荼羅は一般に香の煙や香水で清めた土台の上に作られます。中央には、世界の中心であるという仏教徒の聖なる山、象徴的な須弥山が置かれます。多くの文化に伝わる話に、聖なる山と

8章 | 尊い8つの宝物

考えられる中央の山が登場することがわかっています。また、風水においても、山は吉兆の方位に位置する家に良い気の流れをもたらすという大きな役割を果たします。

中国の神聖な山々は崑崙山脈と呼ばれ、ヒマラヤ山脈の近くのどこかにあるとされています。

おそらくこの世界で最も高い山脈のどこかにシャングリラやシャンバラ、すなわち神や仏のいる楽園があるのでしょうか？ 現実はともかく、風水では、自分の後ろと左右にしっかりした高い山があるのは3方向を囲まれることになり、大変吉兆であると言われています。曼荼羅には、中央の山、4つの大陸、尊いもの、太陽と月、尊い傘、勝利ののぼりが描かれています。こんなに縁起がいいのも驚くことではありません！

願いを叶えるために
風の魔法を利用しましょう

　香港の有名な道教の師がかつて願い事リストの儀式を教えてくれました。彼によると、それは私のビジネス運を高めるということでした。

儀式:

　ヘリウムで満たした風船に心から強く願っていることを書きます。願い事ははっきりと簡明に書きます。それから、風船を離し、空高く飛ばします。

　これは決して風水ではありません。やってみるととても楽しそうな心の儀式です。ある日曜日、私は世界中の首都で女王様のように買い物ができますようにという願い事を書きました! 私はビジネスをやめて好きになれる仕事がしたいと思っていました。銀行業務にうんざりしていたのです。何かもっと楽しいこと、もっと女性らしいことがしたいと思っていました。だから、デパート経営がしたいと思ったのです。そうして、ドラゴンシードデパートを手に入れ、自分のデパート・チェーンを持つことができ、デパートの代表取締役だった2年間、女王様のように買い物をすることができました。願いが叶うとはまさにこのことです。ドラゴンシードでの2年間、私は世界中のお洒落な都市で買い物をしました。デパートチェーンのために買い物をしました。倒れるまで買い物をしたのです。

　願い事リストを書いた風船の変形バージョンに、庭に勝利ののぼりを揚げるというものがあります。願い事が実現するよう、空高く風に願いを届けてもらいましょう。何年かして出会った私の尊いラマは祈りの旗について語り、風が旗に書かれた神聖な真言をふわりとそよがせるたびに、その同じ風に吹かれるあらゆる存在が祝福を受けるのだと説明してくれました。彼の話は風の魔法をはるかに美しく説明するものでしたが、私は風船のことを思い出しました。あなたにこのとっておきの話をお伝えしたかったのです!

9章
ますます繁栄するための風水術

家に大きな幸運を引き寄せると言われるものに、願いを叶える木、願いを叶える牛、収穫を待つ収穫物、尊い山の4つがあります。こういったものを描いた古い絵は、裕福な家にかけられたものが特に高く評価されます。願いを叶える木は大々的な人気が復活している宝石の木のもとになったものです。以来、南アフリカは様々な貴石で作られた美しい"宝石の木"を輸出し始めました。

願いを叶える牛は中国の地主たちにいつも大変好まれてきました。もちろん、インドでは牛は神聖な動物とみなされています。尊い山は偉大な富の宝庫であると信じられています（たとえば、ゴールドは山にあります）。風水のシンボルとして他に人気があるのは、西と北西を活気づける常に人気のウインドチャイム、東、南東、北の運を高めて富をもたらすウォーターフィーチャー、南の運を大きくする明るい陽のエネルギーを発する照明やシャンデリアです。

東に願いを叶える木を植えてください

　木は風水実践において非常に重要な役割を果たします。悪いエネルギーをそらせるものとして、木は殺気の襲撃に打ち勝つとても優れた手段になります。たとえば、玄関ドアが道路から毒矢の攻撃を受けている場合、視界から毒矢を完全にさえぎるために葉の生い茂る木を植えてください。こういった毒矢としては、直線道路、道路を挟んで向かいにある家々の三角形の屋根、あるいは、鋭いもの、まっすぐなもの、敵意を感じさせるものなどがあります。時には、大きなビルの鋭角部分が毒矢の悪いエネルギーを生み出すこともあります。不運や悪運をもたらす敵意を感じさせる建築物の影響は、毒矢の源を視界から遮断できるよう戦略的に考えた適切な位置に木を植えることで完全にそらすことができます。

　しかし、木が願いを叶える木に変わるような庭の位置にその木を植えられれば、いっそう有益でしょう。風水の書物によると、幸先の良い幸運をもたらすという木の潜在能力は次の3点にかかっています。

- 第1に、木を的確な位置に植えるということです。
- 第2に、どんな種類の木かということです。
- 第3に、木の富運を活気づけるために何をするかということです。

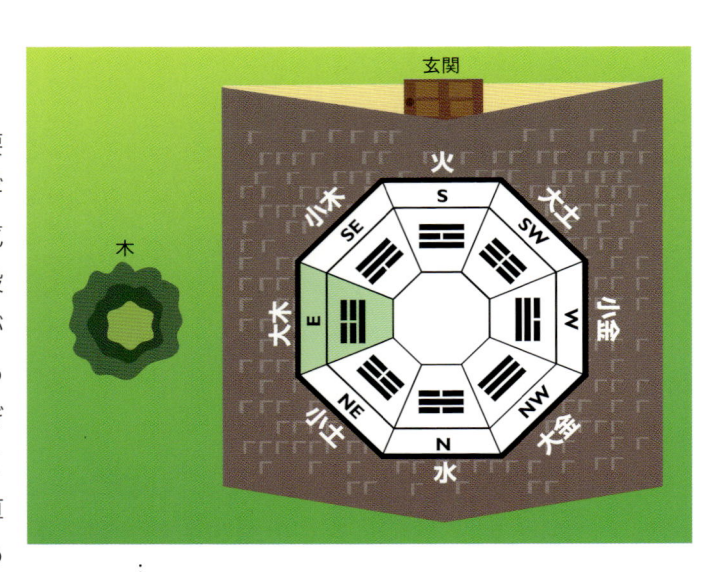

　木は東の的確な場所を見つけて植えるのがベストです。家の中心から方角を調べ、中心から東を示す45度の位置を割り出しましょう。木はこの角度内にあるべきです（上図参照）。次に、葉の茂る木を選んでください。丸い葉の木が好ましいです。最後に、赤い糸で結んだコインをたくさん木につるしてください。この木は願いを叶える木になるでしょう！

南東に願いを叶える牛(雌牛)を置いてください

　私は自分の願いを叶える牛の話を人にするのが大好きです。その牛はクリスタル製の置物で、80年代前半に香港の道亨銀行で取締役をしていたときに社員から贈られたものでした。しかし、それは雌牛ではなく雄牛で、中に24金の美しい粒が散りばめられていました。それを家のリビングルームの良い場所に置くと、私に大変な富運がもたらされたのでした！

　インドやネパールのような国では、牛は極

9章 | ますます繁栄するための風水術

願いを叶える牛

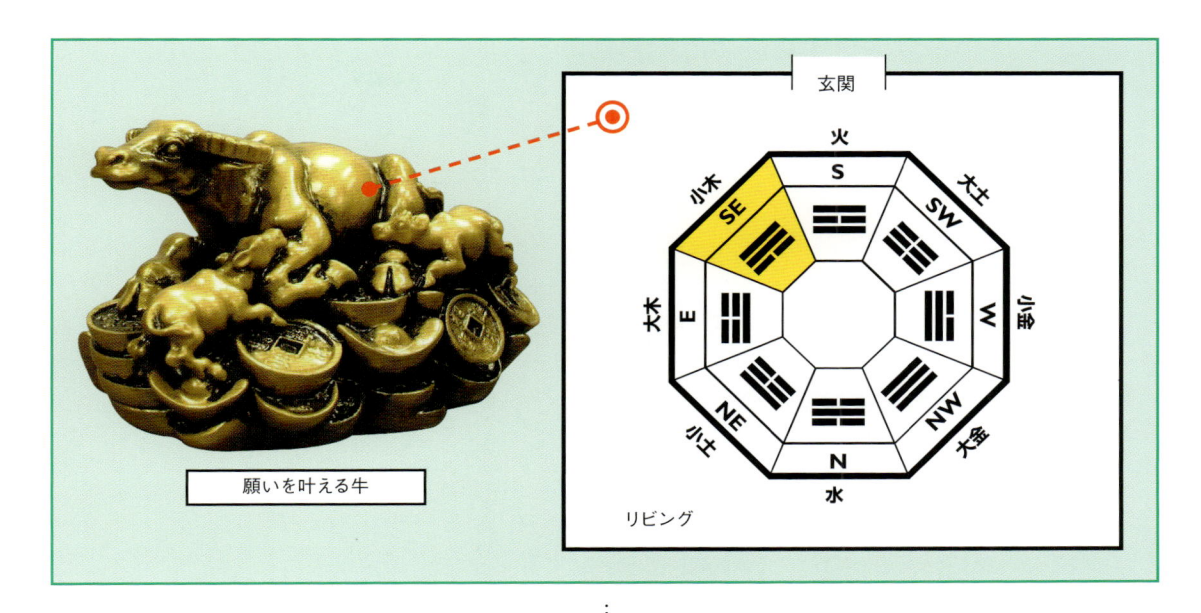

めて神聖な動物と考えられています。しかし、牛の真の意義に気づいている人はほとんどいません。仏教の教えによると、牛は優しく扱えば、また牛肉を食べるのを慎めば、願い事を現実のものにする力を持つそうです。仏教徒である中国人の多くが牛肉を食べるのを控えているのはこのためです！インドでは、もし牛にぶつかって死なせてしまったら、殺人と同じ罪が課せられることがあります。また、カトマンズでは、牛は車にはねられることはないとわかっているため、道路を自由に歩いています。そこでは車で牛を殺すと殺人罪で投獄されるのです！これは、牛が大変神聖な動物だと考えられているからです。

風水では、願いを叶える牛は大変潜在力に富むため、風水師はコインの上でくつろぐ牛の置き物を飾ります。ですが、このシンボルがない場合は、牛が描かれている絵画を探して南東にかけ、この場所の富運を活気づけてください。リビングの南東にあたる場所を割り出すには八卦を用いてください。それから、牛が描かれた素敵な絵をかけてください。この場所に牛のイメージの彫刻を置けばなおいいでしょう。その牛が土地を耕したり、輸送手段になったり、荷車を引いたり、食べ物になったりもする願いを叶える牛だと想像してみてください。

牛が神聖な動物であると言われるのは、人類に多くの生きる手段を与えてくれるからです。それなら、食べるより家で運を高めるためにそのイメージを利用するほうがいいでしょう。

支援と防護のために後ろに尊い山を飾ってください

山は4方向を守る天空の4生物を表すため、風水における単独で最も重要なシンボルであると言われます。つまり、東の龍、南の鳳凰、北の亀、西の虎です。また、山には陰と陽の側面があるとも言われ、五行の要素に一致する形に従って分類されます。一般に、山は隠され

た財宝を表すと言われます。これは易経では八卦の艮にあたり、準備して待つ静かな山を表します。

　山は地中に大量のゴールドや貴重なものを含んでいます。つまり、尊い山は偉大な富の宝庫なのです。遠くに山頂がはっきり見えたら、たいていは様々な種類の幸運の兆しです。たとえば、遠くに3つの山の頂が見えたら、一家の長男がいつかその土地を統治するという兆しです。実際、これは最も強力な前兆ですが、他にも神がかりなしるしが重なる場合は特にそうです。

　風水で山のシンボルを利用する最良の方法は、職場の席の後に山の絵や写真をかけることです。こうすることで、経済が悪いときでも生き残れるでしょう。解雇されることはありません。社内の抗争で負けることもありません。オフィス内の様々な策略からも常に生き残れます。ビジネスマンなら必ず生き残れます。悪い時期だからといってつぶれることはないでしょう。山が支援し、守ってくれます。

　伝統を重んじる中国人ビジネスマンの多くがほぼ全員職場の席の後ろに風景画をかけていることに気づくでしょう。これは、地上で最も強力なシンボルに常に支えられていることを確実にするためです。これをお望みなら、席の後ろにかける山の絵にウォーターフィーチャーがないことを必ず確認してください。風景画の中のどんな小さな滝も水を表すことになります。これは背後に置くには不適切です。

トウモロコシ、米、小麦の収穫を待つ田畑をイメージしてください

　高級な工芸品店に入ったら、高価な翡翠輝石、象牙、あるいは磁器でできている収穫したての果物のイメージを見つけることができるでしょう。これは、こういった新鮮な果物がこれから収穫されようとする農産物を表すからです。

　これは大変吉兆となるイメージで、それには明らかな理由があります。これ

は土地の実りを表し、家のどこか、特にダイニングに飾ると、家族に繁栄運がもたらされます。象徴する意味は、家族が常にあり余るほどの食べ物に恵まれるということです。同じ理由から、いつも私はダイニングに新鮮な果物を描いた美しい絵をかけるよう勧めています。風水では、食べ物は繁栄を意味するのです!

　木からもぎ取ったばかりの果物を飾るのは、まだ収穫されていない穀物や果実のイメージがあらゆる食べ物のシンボルの中で最も縁起がいいとする信仰に由来します。また、収穫期を迎えたトウモロコシ、米、麦の田畑の絵は、家やオフィスにかけるのに素晴らしいものです。実際、どんな絵をかけるか決めようとしているなら、収穫したての新鮮な果物の静物画や収穫期のトウモロコシ畑や小麦畑を描いた風景画を探してください！　これは、収穫期を迎えて熟したトウモロコシ畑などの穀物畑が地道な努力の結実を象徴するからです。収穫の時期は夏です。この理由から、夏の季節は努力が花開くことを意味します。その意味はとても吉兆です。また、夏は豊かな時期、貴重な陽のエネルギーが最大限に溢れる時期とみなされます。これに果実や穀物の実をつけた収穫前の収穫物を組み合わせれば、これ以上強力な象徴的意味はないでしょう！

西と北西の運を活性化するために人気のウインドチャイムをかけてください

　家にウインドチャイムをつるすことに関していくつか誤解がありますが、ここでは特に2点についてお話したいと思います。

　1つ目は、ウインドチャイムが悪意のある霊を家に引き入れると聞いている人があることです。送られてくるEメールの中でよくこの質問をされます。私は家にかれこれ20年以上ウインドチャイムをかけていますが、何の問題もないということをお伝えしたいです。

　私のウインドチャイムがもたらしてくれたのは幸運と幸福ばかりでした。

　2つ目は、様々な風水の困難を克服するために一定の方位の悪運を抑えようとウインドチャイムを使用するのと、幸運を活気づけるためにウインドチャイムを使用するのとを区別することが重要です。

9章　｜　ますます繁栄するための風水術

悪運を克服するためにウインドチャイムを使用する場合は、ロッドが5本か6本のウインドチャイムを使用するのがいいでしょう。風水師によっては中が空洞でないロッドのほうが悪運を押さえるのに効果的だと助言しますが、中が空洞のロッドのほうが有効だと主張する風水師もあります。私は後者と同意見です。重要なのは、すべて金属でできていることです。上に塔のような形のものを加えれば、周囲に潜んでいるかもしれない悪霊を脅かして追い払うのに大変有効だと言われています。これは、塔が悪霊に対する強力な防御のシンボルだからです。たいていのフライングスターの災厄を解決するには、中が空洞のロッド6本のウインドチャイムがベストです。頭上の梁や鋭いコーナーから身を守るためにウインドチャイムをかけてください。(フライングスター風水の知識のある人は、家の建築年月日のチャートで悪いフライングスターのある方面にもウインドチャイムをかけてもいいでしょう。)

　幸運を活気づけるには、ウインドチャイムは家の金の要素の方面で極めて効果を発揮するでしょう。もちろん、金属のウインドチャイムを使用します。つまり、金属製ということです(たとえば、銅、真鍮、シルバー、スチール、合金などです)。金の方面は西と北西です。ウインドチャイムは、家長の幸運を活性化するためにはリビングルームやオフィスの北西のコーナーに、健康や長寿のためには西につるすと特に効果的です。目的を活性化させるためには、中が空洞のロッドのウインドチャイムを使用すると覚えておいてください。また、北西には6ロッド、西には7ロッドのものが素晴らしいということも心に留めておきましょう。

北、東、あるいは南東にウォーターフィーチャーを作ってください

　家にウォーターフィーチャーを作って利益を得たい場合、注意しなければならない最重要事項は以下のとおりです。

- 第1に、ウォーターフィーチャーは小さな池、小さな噴水、滝、水槽といったものです。
- 第2に、ウォーターフィーチャーは私の著書『Get Rich with Water (本邦未訳)』の中にあった水龍とは異なります。これは水の流れについて述べているわけではないからです。

9章 | ますます繁栄するための風水術

ウォーターフィーチャーとは一定の方角の水の要素を活性化するものを意味します。

- 第3に、ウォーターフィーチャーを置くことで利益が得られる方角は3つあります。それは東、南東、北です。3つのうち最も有益なのは、水の要素を表す北です。東と南東では、水はこの方角の木の要素に役立ちます。
- 第4に、水は家の真後ろに置かないよう助言します。これは機会を失うことを意味するからです。しかし、北が後ろにくる場合は、そこにウォーターフィーチャーを置いてもかまいません。ただし、直接家のほうに向けずに、家の横を向くようにしてください。フライングスターが家の後ろに良い星を示している場合は、そこにウォーターフィーチャーを置くのはとても有益でしょう。（フライングスターが優先します）
- 第5に、ウォーターフィーチャーが玄関の右手にないことを確認してください。これは家の中から外を見て右手です。ウォーターフィーチャーは常に玄関ドアの左手にあるべきです。

水を特徴とする物が家を圧倒するべきではありません。この理由から、私はいつもプールにはとても用心しています。プールは常に住居のわりに少し大きすぎる傾向があるからです。もしあなたの家が田舎の大邸宅なら、プールを取り入れても特にエネルギーのアンバランスは生じないでしょうし、この場合、悪い方面にない限り、プールに害はないでしょう。良い方面にあれば、大変有益です。いずれにせよ、プールの扱いには十分気をつけたほうがいいでしょう。

南を高めるために陽のエネルギーを出す照明をたくさん利用してください

幸運のエネルギーを高める象徴的なもので最も効果的なものの1つが照明です。明るい光は貴重な陽のエネルギーを大量にもたらします。しかし、ウインドチャイム同様、照明にも2つの側面があります。これは、光が風水の様々な問題に対する非常に強力な解毒剤となるからです。光によって、悪い位置に置かれたトイレの影響をある程度克服できます。また、光は狭い廊下や窮屈な場所が生み出す殺気を消滅させることもできます。一般に、停滞した気が蓄積しがちなこういった場所では、明るい光を灯すことで十分悪いエネルギーを克服できます。

照明は欠けている方面に対する強力な中和剤にもなります。輝く光は常に、生命と陽のエネルギーが持ち込まれたことを意味します。

9章 | ますます繁栄するための風水術

再び気を流すには普通はこれで十分です。しかし、照明は風水の繁栄のエネルギーを高めるものとして大変有益です。だから、店や職場のあらゆる所に置いてもかまわないでしょう。こうすることで客を引き寄せ、ビジネスの総売上高を倍にするのに役立ちます。

　照明は家やリビングの南、あるいは南の方角を活気づけるのに利用すると、素晴らしいです。赤い色の照明ならなお良いでしょう。南を活気づけることで、承認運をもたらし、昇進運を引き寄せます。

　照明は一般に、女家長の方角である南西に灯した場合、恋愛運や結婚運にも素晴らしいでしょう。そういった照明は家の庭に置き、毎晩少なくとも3時間灯すのがベストです。このシンボルの効力を確かなものにするために、照明は地面にしっかり設置した柱に取り付けてください。これは、家の女性たちに有益な土のエネルギーを象徴的に高めます。現代的な電気の照明器具を用いても、古風な提灯を用いてもかまいません。どちらも同じように作用するはずです。ただし、当然、明るく輝く光のほうがより強い陽のエネルギーを引き寄せるでしょう。

　利用するのに最適な照明器具はクリスタルのシャンデリアです。この照明器具は補足しあう2つの要素、火と土を結びつけ、その過程で大量の生気をもたらす大量の陽のエネルギーを生み出します。家のすぐ外、玄関ドアに直接向き合うように小さなシャンデリアを取り付けてください。それから、家の中にもやはり玄関ドアに直接向き合うように別のシャンデリアを取り付けてください。こういったシャンデリアは最も縁起のいい気だけが中に入るのを保証します！

10章
干支の12の動物

干支の12種類の動物(12支)は地支を象徴します。鼠に始まり猪で終わる各動物にはそれぞれ対応する方位があり、それが各動物の持つエネルギーや象徴的特性を高めるためにその動物のイメージをどこに置くかという一定の指針となります。また、12支の方向は各年の"危険な"方角に関する極めて重要な手がかりともなります。従って、家の中の各方面に各動物のイメージを置くのは吉兆にもなり、同時に、占星術に基づく一般的な星占いをチェックするのにも役立ちます。

より重要なのは、各年のフライングスター風水で避けるべきだとされることに注意し、それが各動物にどう影響を及ぼすかを知ることです。下の表はとても貴重な資料です。各年の危険な3方位がどこになるかを簡単に述べています。木星大公、三殺、致命的な五黄にあたる方面です。また、この章では、動物(地支)ごとに、各年の禁忌となる方位に対して風水にシンボルを利用することによる特別な解決策をお教えします。この章は注意深く研究してください。

年	動物、地支	致命的な五黄の位置	三殺の位置	木星大公の位置
2008	ねずみ(子)	南	南	北
2009	うし(丑)	北	東	北東1
2010	とら(寅)	南西	北	北東3
2011	うさぎ(卯)	東	西	東
2012	たつ(辰)	南東	南	南東1
2013	へび(巳)	中央	東	南東3
2014	うま(午)	北西	北	南
2015	ひつじ(未)	西	西	南西1
2016	さる(申)	北東	南	南西3
2017	とり(酉)	南	東	西
2018	いぬ(戌)	北	北	北西
2019	いのしし(亥)	南西	西	北西3

太陰暦

中国の暦は天干(天の幹)と地支(地の枝)に従って分けられた60年のサイクルから成っています。天干は10、地支は12です。60年のサイクルで、天干には五行の要素と陰陽の側面が含まれます(ゆえに、5×2=10)。12支は動物のことです。この干支のシステムは天と地の力の相互作用を包括的に象徴し、人間の運命を映し出し、決定するとされています。つまり、すべての占いや易断の方法は結局のところ、個人の干支を正確に解釈することにかかっているわけです。この干支は個人の風水にも用いることができ、本書のこの章ではその点に直接取り組んでいきます。

人にはそれぞれ自分の干支があり、これは巻末の100年カレンダーで確認することができます。このカレンダーを用いて、西暦の誕生日を調べてみてください。巻末のカレンダーは簡単なものです。従って、誕生日の日付と時間が必要となる8字(四柱推命)については計算できません。ですが、風水の実践にシンボルを利用するために干支を使う目的なら、その計算は必要ありません。

必要なのは以下を決めることだけです。
1. 生まれ年の天干の要素
2. 生まれ年の動物(および対応する要素)。これが地支で、この地支からあなたにとって吉兆であるシンボルを選ぶことができ、また、このシンボルを置く家の中の特定の位置を割り出すことができます。

家の中心から方位磁石で方向を確認する方法を覚えると便利です。あなたの動物に一致する方位にあたる方位磁石の角度に正確に印をつけてください。各動物は360度の方位磁石の15度分を占めると言われています。家の中のあなたの動物を表す方位に印をつける方法も覚えてください。方位磁石の読み方がわからなければ、自分でやってみる前に誰かに教えてもらいましょう。良い方位磁石に投資してください。西洋風の方位磁石でもけっこうです。使うときは投げたり裏返したりしないでください。

干支の動物と対応する方角

10章 | 干支の12の動物

ねずみ（子）
1912, 1924, 1936, 1948, 1960, 1972, 1984, 1996

鼠は干支の最初の動物です。本質的要素は水です。鼠の時刻は、午後11時から午前1時の間と言われています。つまり、深夜に生まれた人は子の刻生まれと言われます。鼠の方角は352.5度から7.5度の間です。これは北の方角になります。家のこの領域が角度15度分を占めているのを確認しましょう。この領域はねずみ年生まれの住人にとってとても縁起がいいと考えられている部分だと言われます。ねずみ年は上記のとおりです。

ただし、この年は太陰暦の正月を考慮に入れて調整していません。従って、上記の年の生まれであっても、1月生まれの場合はおそらくねずみ年ではなく、ねずみ年の前年のいのしし年でしょう。同様に、翌年の1月生まれの場合は、まだねずみ年かもしれません。太陰暦の誕生日をチェックするには、巻末の太陰暦100年カレンダーを参照してください。

あなた個人の地支の方面の富運を活気づけるためにシンボルを利用する方法をいくつか紹介しましょう。

- 鼠の方角を示す角度を占める領域に鼠に似た象徴的な尊いマングースを置くのもいいでしょう。あるいは、家のこの部分に鼠のイメージを置いてください。

- 鼠の本質的要素は水なので、同じ領域をウォーターフィーチャーで活性化してもいいでしょう。ただし、あなたの領域（すなわち北）がトイレかキッチンに悩まされている場合、これは個人の領域が否定的な影響を受けることになるため、とても縁起が悪いでしょう。

- あなたにとって素晴らしい領域が他に2つありますが、動物が鼠ですから、それは龍と猿の領域です。龍は東南東の方角、猿は西南西の方角です。

各年のねずみ年の一般的な運勢
ねずみ年生まれの人は下記を参考にするようお勧めします。

2008年
投機およびギャンブル運が素晴らしい年です。天運がもたらされるよう北に八仙のコインか六皇帝のコインをかけてください。今年はビジネスに投資する年です。

2009年
あなたの領域に不運が認められます。五黄をコントロールするために五行塔を置いてください。また、害悪や災難から身を守るために六字真言を身につけてください。

2010年
適度に良い年です。恋愛運はあなたにあります。桃の花の動物、雄鶏を入手し、西に置いてください。独身のねずみ年生まれは真実の愛を見つけるでしょう。

2011年
この年、ねずみは議論や法的紛争に直面するでしょう。北方面があまり騒々しくなるのは避けてください。家のこの部分はできるだけ静かに保ちましょう。ここに地蔵を置いてください。

2012年
ねずみは引き続き何らかの悪運に悩まされます。病気の星が存在するため、体の不調や病気に悩まされないように、ベッドサイドにヒョウタンを飾ってください。運動量を増やし、健康的な食事をしてください。

2013年
ねずみ年生まれの人は特に大きな問題のないいい時期を楽しみます。良い仕事運と成功運がもたらされるよう、北にウォーターフィーチャーを置いてください。

ウォーターフィーチャーの一例

2014年
ねずみは素晴らしい名声運と承認運に恵まれます。あなたに名誉をもたらすために家の南に鳳凰を飾れば、名声運はいっそう良くなるでしょう。

2015年
ねずみは引き続き幸運を楽しみます。北に6段の滝や水槽を置けば、良い収入と富運を確実に享受できるでしょう。南西にお金の木を置き、富運を強めてください。

2016年
ねずみは金銭的損失に直面します。強盗や泥棒の可能性があります。玄関入口に1対の狛犬を置かなければなりません。青いアベンチュリンガラスでできたサイのお守りを持ち歩いてください。

2017年
ねずみの運は回復します。成長のときです。繁栄運を高めるために、コインを持つ3本足のカエル、あるいはインゴットやコインを入れた皿を置きましょう。

2018年
これは悪い年です。ねずみは不運に直面します。お金を失ったり、人間関係で失敗したり、仕事の地位を失う可能性があります。五黄から身を守るために北に金属の6ロッドのウインドチャイムをかけなければなりません。

2019年
正常な年になるでしょう。良い人間関係を楽しみます。寝室の南西角にアメジストの木を飾ってください。独身のねずみ年生まれの人はソウルメイトを見つけるでしょう。

牛 うし（丑）
1913, 1925, 1937, 1949, 1961, 1973, 1985, 1997

牛は干支の2番目の動物です。本質的要素は土です。牛の時刻は、午前1時から午前3時の間と言われています。つまり、その時間に生まれた人は丑の刻生まれと言われます。牛の方角は22.5度から37.5度の間です。これは北から北東の方角になります。

家のこの領域が角度15度分を占めているのを確認しましょう。この領域はうし年生まれの住人にとってとても縁起がいいと考えられている部分だと言われています。うし年は上記のとおりです。これらの年は太陰暦の正月を考慮に入れて調整していません。従って、上記の年の生まれであっても、1月生まれの場合はおそらくうし年ではなく、うし年の前年のねずみ年でしょう。同様に、翌年の1月生まれの場合は、まだうし年かもしれません。太陰暦の誕生日をチェックするには、巻末の太陰暦100年カレンダーを参照してください。

あなた個人の地支の方面の富運を活気づけるためにシンボルを利用する方法をいくつか紹介しましょう。

- 牛の方角を示す角度を占める家の領域に、願いを叶える牛のシンボルを置くのもいいでしょう。あるいは、家のこの部分に雌牛や雄牛あるいはこれに属するもののイメージを置いてください。最良のイメージは陶磁器、クリスタル、あるいは土の要素に属する他の素材でできたものです。
- 牛の本質的要素は土なので、同じ領域を土の要素を特徴とする物で活性化してもいいでしょう。ただし、あなたの領域（すなわち北から北東）がトイレかキッチンに悩まされている場合、これは個人の領域が否定的な影響を受けることになるため、悪運がもたらされるでしょう。
- あなたにとって素晴らしい領域が他に2つありますが、動物が牛ですから、それは蛇と鶏の領域です。蛇は南南東の方角、鶏は西の方角です。

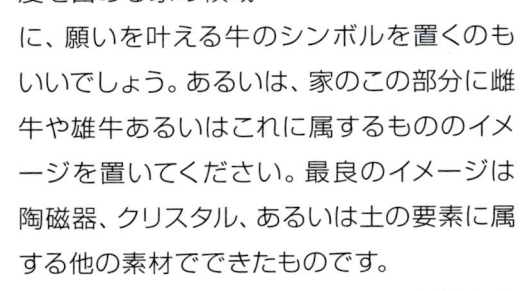

各年のうし年の一般的な運勢
うし年生まれの人は下記を参考にするようお勧めします。

2008年
恋愛の年です。良い人間関係運を享受するために寝室の南西の方角に1対の鳥を置いてください。

2009年
気分をコントロールし、目立たないようにしてください。他人との口論や喧嘩は避けてください。たいていの戦いに敗れます。身を守るために18金のリンゴのペンダントを持ち歩いてください。

2010年
今年は自信のレベルが下がります。健康を促進するために、北東にヒョウタンのついた金属のウインドチャイムを置き、東に長寿の神を飾ってください。

2011年
複雑な年です。権威運を高めるために、オフィスや仕事場に笏を置けば、うし年生まれは大きな利益を得るでしょう。

2012年
うしは昇進運を楽しみます。承認運をもたらすために、馬に乗った猿を入手し、職場か家の南方面に置いてください。

2013年
幸運が満ち溢れる年です。金運および富運をもたらすために、北東にコイン、3本足の蛙、ウォーターフィーチャーを置いてください。

2014年
うしは不運の時期に入ります。夜遅い時間に出かけるのは避け、一人で歩くときはお金と周囲に注意してください。悪害から防護するために、厄除けのコインを持ち歩いてください。

2015年
天運が訪れます。この年を楽しんでください。幸運を大きくするために、お金の木あるいは宝石の木を手に入れてください。

2016年
うしは心配な時期を経験します。家の北東にある不運を抑えるために金属の要素を利用するのも良いアイデアでしょう。

2017年
家族運が好調です。教育運も素晴らしいです。ドラゴンカープ(龍鯉)で強化してください。ドラゴンカープは働き始めたばかりの人やまだ勉強中の人に適しています。

2018年
とても不穏な時期です。精神的な問題や家族の問題が出てきます。家の中心に水晶玉を6個置いて対処してください。

2019年
うし年の人は引き続き不運に悩まされます。ヒョウタンを寝室に置いて病気の星を克服してください。夜遅く起きているのは避けましょう。

とら(寅)
1914, 1926, 1938, 1950, 1962, 1974, 1986, 1998

虎は干支の3番目の動物です。本質的要素は木です。虎の時刻は、午前3時から午前5時の間と言われています。つまり、この時間に生まれた人は寅の刻生まれと言われます。虎の方角は52.5度から67.5度の間です。これは東から北東の方角になります。

家のこの領域が角度15度分を占めているのを確認しましょう。この領域はとら年生まれの住人にとってとても縁起がいいと考えられている部分だと言われています。とら年は上記のとおりです。これらの年は太陰暦の正月を考慮に入れて調整されていません。従って、上記の年の生まれであっても、1月生まれの場合はおそらくとら年ではなく、とら年の前年のうし年でしょう。同様に、翌年の1月生まれの場合は、まだとら年かもしれません。太陰暦の誕生日をチェックするには、巻末の太陰暦100年カレンダーを参照してください。

あなた個人の地支の方面の富運を活気づけるために、シンボルを利用する方法をいくつか紹介しましょう。

- 先に説明した角度を占める家の領域に虎のイメージを置いてください。あなたの動物は虎ですから、虎のイメージから利益を得られます。虎の本質的エネルギーを高めるために、虎の木の彫刻や彫像を飾ってください。これは木の要素を活気づけ、利益をもたらします。

- 虎の本質的要素は木なので、同じ領域を木の要素を特徴とする物で活性化してください。ただし、あなたの領域(すなわち東から北東)がトイレかキッチンに悩まされている場合、これは個人の領域が否定的な影響を受けることになるため、とても縁起が悪いでしょう。

- あなたにとって素晴らしいと思われる領域が他に2つありますが、動物が虎ですから、それは馬と犬の領域です。馬は南の方角、犬は西北西の方角です。

各年のとら年の一般的な運勢
とら年生まれの人は下記を参考にするようお勧めします。

2008年
人間関係運が好調です。将来のパートナーを見つける時期です。風水で運気を高めるには、ピーチブロッサムの動物を加えてください。

2009年
静かに目立たずにいる年です。休暇に出かけ、楽しみましょう。悪いエネルギーをコントロールするのに役立てるため、北東にきらきら輝くランプを置いてください。

2010年
とら年の人は今年は健康に気をつけ、無理をしないようにするべきです。健康状態が悪くならないように、東方面に長寿の神を置いてください。

2011年
運が向上します。オフィスの北西に3皇帝を置いてください。これによってすべてがスムースになり、成功運がもたらされます。

2012年
例外的にいい年です。この幸運を拡大するために家の南に鳳凰と勝利の馬を置いてください。

2013年
金運に大いに恵まれます。コインや魚を特徴とするもので高めてください。あなたを助ける陽のエネルギーをもたらすため、縁起のいいパーティーや結婚式にできるだけ頻繁に参加してください。

2014年
運が少し逆戻りします。玄関ドアの両脇に1対のサイを置いて防御してください。

2015年
強力な支援者から協力と援助を受けられます。金属の8ロッドのウインドチャイムで北西方面を活気づけてください。

2016年
とらが不運から身を守らなければならない失望と後退の年になるでしょう。この年は慎重に予定を立てなければなりません。

2017年
今年は社会的な人間関係が好調でしょう。良い友人に会えるよう、1対のラブバードで南西の方面を活性化してください。

2018年
とらの悪運の気配が長引きます。適切な風水で不運を抑え、北東にゴールドの錫枝を飾ってください。

2019年
健康に気をつける必要があります。病気の星に悩まされるでしょう。不健康な食べ物を避けるようにしてください。ヒョウタンの形のペンダントを身に付けてください。

3皇帝

うさぎ(卯)
1915, 1927, 1939, 1951, 1963, 1975, 1987, 1999

うさぎは干支の4番目の動物です。本質的要素は木です。うさぎの時刻は、午前5時から午前7時の間と言われています。つまり、この時間に生まれた人は卯の刻生まれと言われます。うさぎの方角は82.5度から97.5度の間です。これは東の方角になります。

家のこの領域が角度15度分を占めているのを確認しましょう。この領域はうさぎ年生まれの住人にとってとても縁起がいいと考えられている部分だと言われています。うさぎ年は上記のとおりです。これらの年は太陰暦の正月を考慮に入れて調整されていません。従って、上記の年の生まれであっても、1月生まれの場合はおそらくうさぎ年ではなく、うさぎ年の前年のとら年でしょう。同様に、翌年の1月生まれの場合は、まだうさぎ年かもしれません。太陰暦の誕生日をチェックするには、巻末の太陰暦100年カレンダーを参照してください。

あなた個人の地支の方面の富運を活気づけるために、シンボルを利用する方法をいくつか紹介しましょう。

- うさぎを示す角度を占める家の領域にウサギのイメージを置いてください。本質的エネルギーを高めるために、うさぎの木の彫刻や彫像を飾ってください。うさぎは1匹ではなくペアで置いてください。

- うさぎの本質的要素は木なので、同じ領域を木の要素を特徴とする物で活性化してください。ただし、あなたの領域(すなわち東)がトイレかキッチンに悩まされている場合、これは個人の領域が否定的な影響を受けることになるため、あなたにとって不運といえるでしょう。

- 動物がうさぎですから、あなたにとって素晴らしいと思われる2つの領域は羊と猪の領域です。羊は南南西の方角、猪は北北西の方角です。

各年のうさぎ年の一般的な運勢
うさぎ年生まれの人は下記を参考にするようお勧めします。

2008年
幸運が訪れます。深刻な問題はありません。年間の幸運を願って福禄寿を置いてください。顔に笑みをもたらすために笑う仏陀もいいでしょう。

2009年
難しい年です。笑う仏陀を持っていない場合は、あなたの問題を全部緩和するために1つ入手しましょう。

2010年
あなたには良い年です。天から幸運がもたらされるよう東に八仙のコインをかけてください。

2011年
危険な時期です。争いを散らし致命的な五黄をコントロールするために東にウインドチャイムをかけて利用しましょう。

2012年
うさぎ年生まれの人の運は改善します。新しい友人関係のできる年となるでしょう。社交運を向上させるよう、アメジストのペンダントを身につけてください。

2013年
東に赤と金色の笑う仏陀を置いて今年の問題から身を守ってください。また、リビングの中央にクリスタルのリンゴを置いてください。

2014年
今年は身を低くする年です。ヒョウタンを入手し、ベッドのそばに置いてください。病気の星がやって来ています。

2015年
深刻な問題はありません。勝利と成功の運があるでしょう。この幸運を確実に迎え入れるために、1対の龍亀で東を高めてください。

2016年
うさぎは引き続き幸運を享受します。豊富な光と馬で南の運を強めてください。こうすることで承認運がもたらされます。

2017年
うさぎの幸運は続きます。豊かな富運に恵まれます。繁栄運をいっそう高めるよう、3本足のピカンかインゴットや宝石で満たした富の皿を置いてください。

2018年
うさぎは金銭的喪失に直面します。強盗や泥棒の可能性があります。玄関ドア入り口に狛犬を置いてください。青いアベンチュリンガラスでできたサイを持ち歩きましょう。

2019年
天運があなたのものです。今年は投資をするのにいい年です。八仙のコインを身につけて幸運を高めてください。

青いサイ

たつ(辰)
1916, 1928, 1940, 1952, 1964, 1976, 1988, 2000

龍は干支の5番目の動物です。本質的要素は土です。龍の時刻は、午前7時から午前9時の間と言われています。つまり、この時間に生まれた人は辰(たつ)の刻生まれと言われます。龍の方角は112.5度から127.5度の間です。これは東から南東の方角になります。

家のこの領域が角度15度分を占めているのを確認しましょう。この領域は辰年生まれの住人にとってとても縁起がいいと考えられている部分だと言われています。辰年は上記のとおりです。これらの年は太陰暦の正月を考慮に入れて調整されていません。従って、上記の年の生まれであっても、1月生まれの場合はおそらく辰年ではなく、辰年の前年のうさぎ年でしょう。同様に、翌年の1月生まれの場合は、まだ辰年かもしれません。太陰暦の誕生日をチェックするには、巻末の太陰暦100年カレンダーを参照してください。

あなた個人の地支の方面の富運を高めるために、あなたの動物のシンボリズムを活気づけるのにできることをいくつか紹介しましょう。

- 先に説明した角度を占める家の領域に龍のイメージを置いてください。本質的エネルギーを高めるために、陶磁器、磁器、クリスタルなど、土の要素の素材でできた龍を飾ってください。あるいは龍の絵をかけてください！

- 龍の本質的要素は土なので、同じ領域を土の要素を特徴とする物で活性化してください。ただし、あなたの領域(すなわち東から南東)がトイレかキッチンに悩まされている場合、これは個人の領域が悪い影響を受けることになるため、あなたにとって不運といえるでしょう。

- 龍の年に生まれた人にとって素晴らしいと考えられる他の2つの領域は、猿と鼠の方角です。猿は西南西の方角、鼠は北の方角です。

各年の辰(たつ)年の一般的な運勢
辰年生まれの人は下記を参考にするようお勧めします。

2008年
お金が簡単に入ってきます。八仙のコインとアロワナでこの幸運を大きくさせることができます。

2009年
議論がありますが南西に丸いクリスタルを置くことで争いに巻き込まれずにすみます。笑うブッダを調和のために置いてください。

2010年
悪い年です。南東に龍を置くことで本来備わっている辰のエネルギーを強めることができます。五黄殺をコントロールするために6ロッドのウィンドチャイムを南西においてください。

2011年
辰年の人にとって平穏な年です。天運を助けるために龍のイメージか八仙を南東に置いてください。

2012年
複雑な兆しがこの年にあります。南にウォーターフィーチャーを置いて仕事運を伸ばしてください。そして不運の星をコントロールするために南東に五行搭を置いてください。

2013年
仕事で良い成果を得ることができます。帆船を北東から家の中に入ってくるような向きに置いてください。

2014年
辰年の人にとって競争の年です。"HUM"のペンダントを身につけ、障害と困難さを克服してください。

2015年
辰年の人にとって最も悪い年になるでしょう。この時期気をつけなければなりません。薬のマンダラを南東においてください。

2016年
南西にクリスタルをたくさん置いて、金運を上げてください。仕事運を上げるために亀を北に置いてください。

龍亀

2017年
あなたはより高いポジションに出世するでしょう。幸運を龍か絵画100羽の鳥たちを南西に置いてください。

2018年
良い幸運の年です。南東にウォーターフィーチャーを置くことでもっとお金持ちになれます。良いエネルギーを楽しむ為にそこで時間を多く過ごしてください。

2019年
あなたは経済的に困難な問題に直面します。鋳型コインを枕の下に入れることで豊かさとお金が簡単に流れないようにします。

へび(巳)
1917, 1929, 1941, 1953, 1965, 1977, 1989, 2001

蛇は干支の6番目の動物です。本質的要素は火です。蛇の時刻は、午前9時から午前11時の間と言われます。また、龍が陽であるのに対し、蛇のエネルギーは本質的に陰です。蛇の方角は142.5度から157.5度の間です。これは南から南東の方角になります。

家のこの領域が角度15度分を占めているのを確認しましょう。この領域はへび(巳)年生まれの住人にとってとても縁起がいいと考えられている部分だと言われています。巳年は上記のとおりです。これらの年は太陰暦の正月を考慮に入れて調整されていません。従って、上記の年の生まれであっても、1月生まれの場合はおそらく巳年ではなく、巳年の前年の辰年でしょう。同様に、翌年の1月生まれの場合は、まだ巳年かもしれません。太陰暦の誕生日をチェックするには、巻末の太陰暦100年カレンダーを参照してください。

あなた個人の地支の方面の富運を活気づけるために、シンボリズム実践の参考になると思われることをいくつか紹介しましょう。

- 先に説明した角度を占める家の領域に蛇のイメージを置いてください。本質的エネルギーを高めるために、赤い色の蛇のイメージを飾ってください。火を生み出す木でできたイメージを選んでください!
- 蛇の本質的要素は火ですから、同じ領域を火の要素を特徴とする物で活性化してください。たとえば、この方面を常に明るく保ってください! ただし、この領域(すなわち南から南東)がトイレかキッチンに悩まされている場合、これは個人の領域が悪い影響を受けることになるため、あなたには不運といえるでしょう。
- へび年に生まれた人には、鶏と牛の領域もやはり素晴らしいと考えられます。鶏は西の方角、牛は北北東の方角です。

各年の巳(へび)年の一般的な運勢
巳年生まれの人は下記を参考にするようお勧めします。

2008年
仕事運を押し上げる必要があります。北に水を特徴とする物を作り、ドアの前付近に3本足のピカンを飾りましょう。

2009年
素晴らしい年です。願いが現実になるように、南東に願いを叶える宝石を飾ってください。ここにもウォーターフィーチャーを置いてください。

2010年
この年、へびは防護運が必要となります。玄関ドアのそばに1対の象を置き、家の中に青いサイを飾ってください。

2011年
良い年です。コインをつるしたお金の木を置いて南東を活気づけましょう。へびは思いがけない素晴らしい授かりものに恵まれるでしょう。

2012年
へびには悪い年です。事故、金銭の喪失、人間関係の失敗を防ぐよう、五行塔で南東をコントロールしてください。

2013年
有力な友人がチャンスと幸運をもたらします。南西にクリスタルを置いてください。北西には福禄寿を飾りましょう。

2014年
疲れる年です。アメジストの木で中央の運を活性化し、蛇の方向に友人や仲間を置いてください。

2015年
この年は海外旅行をするのに良いでしょう。健康不安や病気を克服するために長寿のシンボルのペンダントを身につけましょう。

2016年
キャリアアップの年です。へびの仕事運が上昇しています。仕事運を活性化するために南東に龍亀を置いてください。

2017年
金運のために、また金銭の損失を防ぐために、リビングの東にアロワナを置いてください。

2018年
家の南東に富の神を飾ってください。こうすることで家に豊かな繁栄運がもたらされるでしょう。

2019年
裏切りや財政上損失から身を守ってください。お金を使い過ぎないように。契約書にサインする時は特に気をつけてください。四天王のお守りを身につけてください。

五行塔

10章 | 干支の12の動物

うま(午)
1918, 1930, 1942, 1954, 1966, 1978, 1990, 2002

馬は干支の7番目の動物です。本質的要素は火です。馬の時刻は、午前11時から午後1時の間と言われています。この時間に生まれた人は午の刻生まれということになります。馬の方角は172.5度から187.5度の間です。これは南の方角になります。

家のこの領域が角度15度分を占めているのを確認しましょう。この領域は午年生まれの住人にとってとても縁起がいいと考えられている部分だと言われています。午年は上記のとおりです。これらの年は太陰暦の正月を考慮に入れて調整されていません。従って、上記の年の生まれであっても、1月生まれの場合はおそらく午年ではなく、午年の前年の巳(へび)年でしょう。同様に、翌年の1月生まれの場合は、まだ午年かもしれません。太陰暦の誕生日をチェックするには、巻末の太陰暦100年カレンダーを参照してください。

あなた個人の地支の方面の富運を活気づけるために、シンボリズム実践の参考になると思われることをいくつか紹介しましょう。

- 先に説明した角度を占める家の領域に馬のイメージを置いてください。本質的エネルギーを高めるために、陽の色である白と赤の馬のイメージを飾ってください。火を生み出す要素である木でできたイメージを選んでください!

- 馬の本質的要素は火ですから、同じ領域を火の要素を特徴とする物で活性化するのもいいでしょう。たとえば、この方面を常に明るく保ってください! ただ、この領域(すなわち南)にトイレかキッチンがある場合、これは個人の領域が深刻な影響を受けることになり、あなたには不運といえるでしょう。

- 馬の年に生まれた人には、犬と虎の領域もやはり素晴らしいと考えられます。犬の西北西方角は、虎は東北東方角です。

各年の午(うま)年の一般的な運勢
午年生まれの人は下記を参考にするようお勧めします。

2008年
経済的な問題や金銭面で悪運があります。経済的困難を克服するために、ラクダを飾ってください。

2009年
恋愛運を活性化するために東方面にうさぎを置いてください。また、もしまだ学生なら、南に学問に関するものを4つ置きましょう。

2010年
恋愛には悪い年です。悪いエネルギーに打ち勝つために南になめらかな水晶玉を6個飾り、誤解から身を守ってください。

2011年
今年、うまは健康面に特に注意する必要があります。運動量を増やし、健康的な食事をしてください。翡翠の瓢箪を持ち歩きましょう。

2012年
仕事で金運が続くよう、3本足の蛙を置いてください。南から不必要なものを取り除いてください。この部分はできるだけすっきりしておきましょう。

2013年
旅行運が好調です。尊い象を対で玄関ドア付近に飾り、良い旅行運がもたらされるよう巻貝を持ち歩いてください。

2014年
うまには素晴らしい年です！豊かな金運と富運があります。自分で起業したり、新しい仕事を始めるチャンスをつかんでください。

2015年
穏やかな年です。暴力的な星をコントロールするために南に青いサイを飾ってください。財布やお金に気をつけましょう！

2016年
思いがけない困難や障害がある年です。玄関ドアのそばに龍に座る八仙を飾ってください。

2017年
経済的な問題や金銭の損失があります。防護のために南に五行塔を飾ってください。リスクの大きな投資は避けましょう。

2018年
友人に出合い、旧友を本当に知るようになる良い年です。友情運を強めるために、南西にアメジストの木を飾ってください。

2019年
疲れる年です。南にファイアボールを飾って口論の星を回避してください。身を低くして人々と議論しないようにしてください。

3本足の蛙

10章 | 干支の12の動物

羊 ひつじ(未)
1919, 1931, 1943, 1955, 1967, 1979, 1991, 2003

羊は干支の8番目の動物です。本質的要素は土です。羊の時刻は、午後1時から3時の間と言われています。この時間に生まれた人は未の刻生まれということになります。羊の方角は202.5度から217.5度の間です。これは南から南西の方角になります。

家のこの領域が角度15度分を占めているのを確認しましょう。この領域は未年生まれの住人にとってとても縁起がいいと考えられている部分だと言われています。未年は上記のとおりです。これらの年は太陰暦の正月を考慮に入れて調整されていません。従って、上記の年の生まれであっても、1月生まれの場合はおそらく未年ではなく、未年の前年の午年でしょう。同様に、翌年の1月生まれの場合は、まだ未年かもしれません。太陰暦の誕生日をチェックするには、巻末の太陰暦100年カレンダーを参照してください。

あなた個人の地支の方面の富運を活気づけるために、シンボリズム実践の参考になると思われることをいくつか紹介しましょう。

- 羊の角度を占める家の領域に羊か山羊のイメージを置いてください。本質的エネルギーを高めるために、土の要素の素材でできた羊を飾ってください！
- 火は土を生み出すため、同じ領域を火の要素で活性化するのもいいでしょう。この領域は磁器やその他の装飾的な陶磁器も有益です。
- 羊の年に生まれた人には、とても素晴らしいと考えられる領域が他に2つあります。それは猪とうさぎの領域です。猪は北北西の方角、うさぎは東の方角です。

各年の未(ひつじ)年の一般的な運勢
未年生まれの人は下記を参考にするようお勧めします。

2008年
金銭喪失の年です。金運は簡単に訪れますが、簡単に出て行ってしまいます。自らを助けるために、枕の下に幸運のコインを置いてください。

2009年
金運が素晴らしいです。天から天運がもたらされるよう、南西に金属のコインを6個置いてください。

2010年
今年は不運がやってきます。悪いエネルギーをかわすために玄関ドア付近に関公を置いてください。

2011年
穏やかな年で、金運がかなり改善します。翡翠の満ち溢れる家を象徴するため、リビングのどこかにコインと金の棒を置いてください。

2012年
社交的に人とつき合う時期です。しかし、口論したり、人の欠点を見つけたりしてはいけません。結局、負けることになります。悪いエネルギーを鎮めるために、桃色のアベンチュリンガラスのリンゴを持ち歩いてください。

2013年
リラックスして休むにはいい時期です。健康に注意し、定期的に健康診断を受けてください。自らを助けるためにヒョウタンのついた金属のウインドチャイムをかけてください。

2014年
いい知らせです! 仕事運が上昇しています。昇進か昇給があるかもしれません。願いが叶うように、真言のリングを身につけてください。

2015年
小さな後退があります。最大限に幸運を高め、小さな後退を克服するのに役立つよう、干支の厄除けコインを持ち歩いてください。

2016年
この吉兆の年、ひつじに自信が戻ってきます。リビングに願いを叶える牛を置き、南西にウォーターフィーチャーを設置してください。

2017年
真面目になる時期です。サイや象の存在が大いに役立つでしょう。笑う仏陀を取り入れるのにもいい時期です。

2018年
投資をするのにいい年です。天運があなたに味方します。ゴールドのコインを6個持ち歩いてください。

2019年
ひつじ年の人にとって悪い年です。五行搭で南西をコントロールし、不運、経済的損失、人間関係の損失から身を守ってください。

笑う仏陀

さる(申)
1920, 1932, 1944, 1956, 1968, 1980, 1992, 2004

猿は干支の9番目の動物です。本質的要素は金です。猿の時刻は、午後3時から5時の間と言われています。この時間に生まれた人は申の刻生まれということになります。猿の方角は232.5度から247.5度の間です。これは西から南西の方角になります。

家のこの領域が角度15度分を占めているのを確認しましょう。この領域は申(さる)年生まれの住人にとってとても縁起がいいと考えられている部分だと言われています。猿の年は上記のとおりです。これらの年は太陰暦の正月を考慮に入れて調整されていません。従って、上記の年の生まれであっても、1月生まれの場合はおそらく申年ではなく、申年の前年の未年でしょう。同様に、翌年の1月生まれの場合は、まだ申年かもしれません。太陰暦の誕生日をチェックするには、巻末の太陰暦100年カレンダーを参照してください。

あなた個人の地支の方面の富運を活気づけるために、シンボリズム実践の参考になるとなることをいくつか紹介しましょう。

- 猿の角度を占める家の領域に猿のイメージを置いてください。本質的エネルギーを高めるために、桃と猿を描いた吉兆の絵を飾ってください。こんな場面が磁器や陶磁器に描かれていてもいいでしょう。
- 猿の本質的要素は金なので、金の要素を特徴とする物で同じ領域を活性化するのもいいでしょう。ベルやウインドチャイムはこの方面に向いています。あなたの領域(すなわち西から南西)がトイレかキッチンに悩まされている場合、これは個人の領域が悪い影響を受けることになるため、あなたにとって不運といえるでしょう。
- 猿の年に生まれた人には、鼠と龍の領域に置かれた幸運のシンボルからも利益を得られるでしょう。鼠は北の方角、龍は東南東の方角です。

各年の申（さる）年の一般的な運勢
申年生まれの人は下記を参考にするようお勧めします。

2008年
暴力と略奪の星があなたの館に飛んできています。金銭の喪失や、誰かにだまされる危険性があります。常に青いサイを持ち歩いてください。

2009年
この穏やかな年を高めるために幸運のシンボルを飾ってください。金運を活性化するために南東にウォーターフィーチャーを置いてください。

2010年
予測のつかない不確かな時期です。さる年生まれはお金を作る機会を増やせるよう、コインと蛇を置くと利益があるでしょう。

2011年
北西に富の神を飾ってください。デスクに筋を置きましょう。水で南東を活気づけてください。そうすれば、運は大きく改善されるでしょう。

2012年
海外旅行をしたり、心を休めるのにいい時期です。リビングに巻貝の貝殻を置いて旅行運を高めてください。護身のために六字真言のペンダントを身につけてください。

2013年
さるには病気の年となります。健康増進のために東方面に長寿の神を置き、病気から身を守るためにゴールドのヒョウタンを持ち歩いてください。

2014年
助けになる人々があなたの幸運を高めてくれる幸運の年です。よき指導者に恵まれるよう、南西にあなたの仲間や秘密の友達を置いてください。

2015年
誰かに認められる年です。全体的な名声および承認運が続くように、豊富な光で南方面を高めてください。

2016年
素晴らしい利益のある年です。幸運が具体化し、お金を作る機会がもたらされるよう、南西に宝石の木を置いてください。

2017年
この年は用心するのがベストです。入り口付近にトランクを載せた1対の象を置いてください。職場のデスクに1対の麒麟を置くと、キャリア運が高まるでしょう。

2018年
運がかなり改善される年です。天運と思いがけないボーナスがもたらされるよう、南西にゴールドのコイン6個をかけてください。

2019年
危険な時期です。6ロッドのウィンドチャイムを南西に飾って人との衝突を追い払い、五黄殺をコントロールしてください。

宝石の木

とり(酉)
1921, 1933, 1945, 1957, 1969, 1981, 1993, 2005

鶏は干支の10番目の動物です。本質的要素は金です。鶏の時刻は、夕方5時から7時の間と言われています。この時間に生まれた人は酉(とり)の刻生まれということになります。鶏の方角は262.5度から277.5度の間です。これは西の方角になります。

家のこの領域が角度15度分を占めているのを確認しましょう。この領域は酉年生まれの住人にとってとても縁起がいいと考えられている部分だと言われています。鶏の年は上記のとおりです。これらの年は太陰暦の正月を考慮に入れて調整されていません。従って、上記の年の生まれであっても、1月生まれの場合はおそらく酉年ではなく、酉年の前年の申年でしょう。同様に、翌年の1月生まれの場合は、まだ酉年かもしれません。太陰暦の誕生日をチェックするには、巻末の太陰暦100年カレンダーを参照してください。

あなた個人の地支の方面の富運を活気づけるために、シンボリズム実践の参考になるとなることをいくつか紹介しましょう。

- 鶏の角度を占める家の領域に雄鶏のイメージを置いてください。本質的エネルギーを高めるために、陶磁器や磁器でできた雄鶏のイメージや彫刻を飾ってください。

- 鶏の本質的要素は金なので、金の要素を特徴とする物で同じ領域を活性化するのもいいでしょう。ベルやウインドチャイムはこの方面に好ましいです。あなたの領域(すなわち西)がトイレかキッチンに悩まされている場合、これは個人の領域が悪い影響を受けることになるため、あなたにとって不運といえるでしょう。

- 鶏の年に生まれた人は、蛇と牛の領域からも利益を得られるでしょう。蛇は南南東の方角、牛は北北東の方角です。

各年の酉(とり)年の一般的な運勢
酉年生まれの人は下記を参考にするようお勧めします。

2008年
今年は金銭問題や健康問題があるでしょう。リビングに赤い三角形のクリスタルや長寿の神を置いてください。

2009年
経済状態が改善する良い年です。リビングに繁栄と富のシンボルを置いてください。健康にはくれぐれも気をつけましょう。

2010年
今年は豊かな金運および仕事運に恵まれます。職場に虎に座る富の神を飾って運を高めましょう。

2011年
とり年生まれは東の木星大公の存在に影響されます。木星大公に打ち勝つために東に向き合うようにピヤオを置いてください。

2012年
富の花瓶や宝石の木から利益を得られる素晴らしい時期です。他に、3本足のピカンを玄関ドアの両脇に置くとエネルギーを素晴らしく高めることができます。

2013年
今年は経済的な問題がありますが、龍亀や狛犬の存在で縮小できるでしょう。リスクの大きな投資は避けてください。

2014年
金運は良くも悪くもありませんが、今年は良き指導者に恵まれるでしょう。金属の8ロッドのウインドチャイムで北西を活気づけてください。

2015年
とりには難しい年で、計画が思いどおりに行かず、愛の生活も深刻に悩まされます。問題を解消するのに役立つよう、ゴールドの笑う仏陀を置いてください。

2016年
新しい人々に出会うチャンスがたくさんあるでしょう。パーティーに招かれたら必ず出席してください。そうすれば、パートナーや新しい友人に出会えるでしょう。

2017年
仕事に集中する必要のある年です。口論は避けましょう。そうすることで、誤解や不和を避けられます。

2018年
とりは健康問題が出てきます。遅くまで外出したり、深夜まで仕事をするのは避けてください。疲れたり消耗したと感じたら、少し眠りましょう。

2019年
とり年の人は幸運が続きます。西にドラゴントータス如意を置くことで幸運を強めることができます。これによりよいキャリアがもたらされるでしょう。

ピヤオ

10章 ｜ 干支の12の動物

いぬ(戌)
1922, 1934, 1946, 1958, 1970, 1982, 1994, 2006

犬は干支の11番目の動物です。本質的要素は土です。犬の時刻は、夜7時から9時の間と言われています。この時間に生まれた人は戌(いぬ)の刻生まれということになります。犬の方角は292.5度から307.5度の間です。これは西から北西の方角になります。

家のこの領域が角度15度分を占めているのを確認しましょう。この領域は戌年生まれの住人にとってとても縁起がいいと考えられている部分だと言われています。戌年は上記のとおりです。これらの年は太陰暦の正月を考慮に入れて調整されていません。従って、上記の年の生まれであっても、1月生まれの場合はおそらく戌年ではなく、戌年の前年の酉年でしょう。同様に、翌年の1月生まれの場合は、まだ戌年かもしれません。太陰暦の誕生日をチェックするには、巻末の太陰暦100年カレンダーを参照してください。

あなた個人の地支の方面の富運を活気づけるために、シンボリズム実践の参考になるとなることをいくつか紹介しましょう。

- 犬の角度を占める家の領域に犬のイメージを置いてください。本質的エネルギーを高めるために、陶磁器や磁器でできた犬のイメージや彫刻を飾ってください。これは土の要素を高めます。

- 犬の本質的要素は土なので、土の要素を示唆する物でこの領域を活性化するのもいいでしょう。この領域(すなわち西から北西)にトイレかキッチンがあれば、これはあなたの領域が深刻に悩まされることになるため、あなたには不運といえるでしょう。

- 犬の年に生まれた人は、虎と馬の領域からも利益を得られるでしょう。虎は東北東の方角、馬は南の方角です。

各年の戌(いぬ)年の一般的な運勢
戌年生まれの人は下記を参考にするようお勧めします。

2008年
病気や体調不良の多い年です。悪い気を克服するために八仙のヒョウタンを飾り、長寿のシンボルを身につけましょう。

2009年
仕事が常に上向きになるよう、少なくとも安定するよう、北西に龍を置いてください。議論に巻き込まれないようにしましょう。

2010年
幸運のために、日光から陽のエネルギーを得られるよう、北西の壁に沿ってクリスタルを置いてください。

2011年
拡大と金運の年です。北西に関公と小さな水を特徴とする物を置いて幸運を大きくしてください。仕事運は好調です。

2012年
今年は小さな後退がありますが、北西に角が2つある青いサイを置くことで帳消しにできます。これが略奪の星をコントロールするでしょう。

2013年
順調な年です。リビングの中央に6個の水晶玉を置くことで調和が維持できるでしょう。

2014年
物事が悪くなる厄介な年です。面目や金銭を失わないよう、五行塔を置いてください。

2015年
教育運に恵まれる年です。勉強運を高めるために北西に勉学に関するものを4つ置いてください。試験でいい成績が取れるでしょう。

2016年
いぬ年生まれは仕事や家族のことで小さな後退に苦しみます。気がつけばすぐにうろたえたり怒ったりしているでしょう。感情をコントロールするために、職場のデスクにクリスタルのリンゴを置いてください。

2017年
健康の悪化のせいで不幸な疲れる年になります。リビングにゴールドの笑う仏陀、ベッドの近くにヒョウタンを置いてこれを追い散らしてください。

2018年
幸運と成功運がとても大きくなるでしょう。運を使えるよう、家の北方面に飛び跳ねる鯉を置いてください。

2019年
いぬ年の人は昇進運を楽しみます。馬に乗った猿を自宅とオフィスの南に置くことで、名声と評価の運をひきつけます。

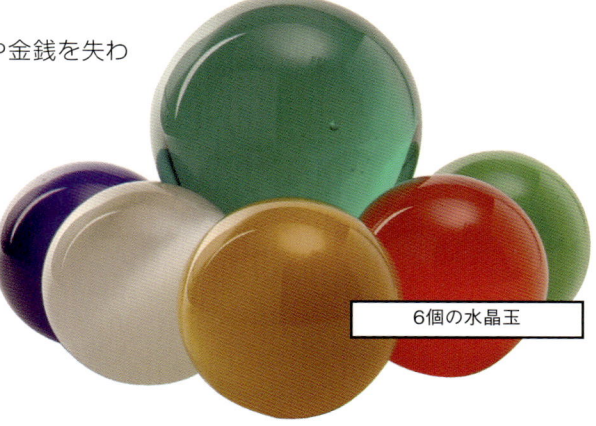

6個の水晶玉

いのしし(亥)
1923, 1935, 1947, 1959, 1971, 1983, 1995, 2007

猪は干支の12番目の動物です。本質的要素は水です。猪の時刻は、夜9時から11時の間と言われます。この時間に生まれた人は亥(い)の刻生まれということになります。猪の方角は322.5度から337.5度の間です。これは北から北西の方角になります。

家のこの領域が角度15度分を占めているのを確認しましょう。この領域は猪の年に生まれた住人にとってとても縁起がいいと考えられている部分だと言われています。猪の年は上記のとおりです。これらの年は太陰暦の正月を考慮に入れて調整されていません。従って、上記の年の生まれであっても、1月生まれの場合はおそらく亥年ではなく、亥年の前年の戌年でしょう。同様に、翌年の1月生まれの場合は、まだ亥年かもしれません。太陰暦の誕生日をチェックするには、巻末の太陰暦100年カレンダーを参照してください。

あなた個人の地支の方面の富運を活気づけるために、シンボリズム実践の参考になるとなることをいくつか紹介しましょう。

- 先に説明した角度(北から北西、307.5度から337.5度)にあたる家の領域に猪のイメージを置いてください。本質的エネルギーを高めるために、水の隣に猪のイメージを飾ってください。これは猪の水の要素を高めます。

- 猪の本質的要素は水なので、水槽や池などウォーターフィーチャーでこの領域を活性化するのもいいでしょう。この領域(すなわち北から北西)にトイレかキッチンがあれば、これはあなたの領域が深刻に悩まされることになるため、あなたには不運といえるでしょう。

- 猪の年に生まれた人は、羊とうさぎの領域方面からも利益を得られるでしょう。羊は南南西の方角、うさぎは東の方角です。

各年の亥(いのしし)年の一般的な運勢
亥年生まれの人は下記を参考にするようお勧めします。

2008年
いのししがリビングに飾ったマングースから利益を得られる穏やかな年です。

2009年
豊かな金運に恵まれますが、恋愛関係は難しいでしょう。寝室にペアのオシドリを置いてください。

2010年
承認および名声運がもたらされるよう、空飛ぶ馬が必要です。上司からの支援が得られるよう、職場の椅子の後ろの壁に山の絵をかけてください。

2011年
幸運が戻ってくる素晴らしい年です。必要な金運を招き恩恵を得られるよう、北西にゴールドの壺を置いてください。

2012年
良い年ではありません。経済的後退があります。玄関ドアに門神を置いてください。また、青いアベンチュリンガラスでできたサイのお守りを持ち歩いてください。

2013年
この時期は、金運を押し上げるために、繁栄運を高めるものが必要です。リビングにお金の木を飾り、宝瓶を作ってみてください。

2014年
悪い年です。あなたにできる最良のことは、まだお持ちでない場合は福禄寿を入手することでしょう。悪運をそらすために五行塔のキーチェーンを持ち歩いてください。

2015年
いのしし年生まれの人は恋愛運を楽しみます。寝室にペアのオシドリを置くことで恋愛運は高まるでしょう。まだ勉強中のいのししには良い年です。

2016年
いのししはゴシップやトラブルメーカーに対処しなければなりません。恋愛でも後退があるでしょう。北西に三角形の赤いクリスタルを置いてください。

2017年
高齢のいのししは健康に気をつける必要があります。より健康的な食事をし、十分な睡眠を取ってください。軽い運動をし、翡翠のヒョウタンを持ち歩きましょう。

2018年
仕事も人間関係も素晴らしい順調かつ幸せな年です。南に馬を置くと有益でしょう。

2019年
いのししは素晴らしい名声と評価の運を楽しむでしょう。名誉をもたらすために勝利の馬を自宅の南に置けば名声運はより強められます。

6個の水晶玉

11章
陰陽と幸運の6線シンボル

　風水は、陰陽のエネルギーが完璧にバランスを保つことによってもたらされる調和に関する科学です。太陽は陽、月は陰です。暗い、冷たい、騒々しい、静か、暗い、明るいといったことを、バランスを象徴するために上手に利用するべきです。3つの吉兆の卦、乾、坤、震が少なくとも1つ存在することによって効果がはるかに高められたとき、空間の風水はたいていかなり改善されます。

> **陰と陽は正反対の根本的な力です。**
> **陰は暗く、陽は明るい。陰は受動的、陽は能動的です。**

　陰は女性です。陽は男性です。しかし、陰と陽は互いに補足しあうもので、敵対する力ではありません。陰陽は、卵の黄身と白身がはっきり分かれている卵のように描かれた一般に知られているシンボルでわかりやすく表されます。黒と白の色は2つの本質を特徴づけています。

　陽は天、太陽、光、活力、前向きなエネルギーです。陽は龍、男性、強い、硬い、激しい、熱い、暖かいといった性質です。風水では山などの地形は陽のエネルギーを表します。

　陰は地、月、闇、女性を象徴し、冷たい、柔らかいといった性質を支配し、静的で、否定的です。陰は虎です。風水では、谷や水は一般に陰の特性を表します。

　八卦は、『易経』を作り上げる全部で64の6線シンボル(64卦)からできています。中国の最も重要な書物、『易経』は神話の時代にまでさかのぼります。中国の文化史において大きな意義のあることはほとんどすべて『易経』に由来しています。また、『易経』は占いの書でもあります。この章で注目する3つの幸運の卦、乾、坤、震は『易経』の中でも最もめでたい卦とされています。それ自体、家に吉兆の運をもたらす幸運のシンボルなのです。

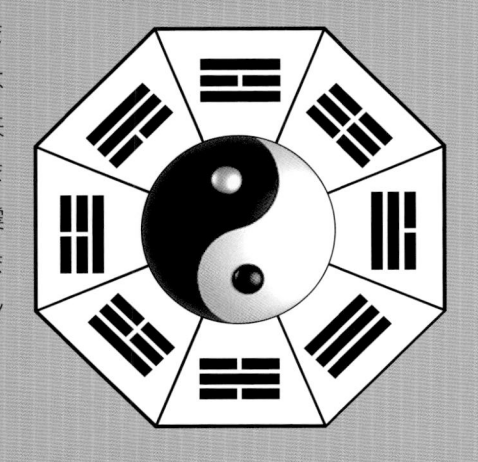

月は陰のエネルギーの
強力なシンボルであり源です

風水実践において、陰と陽のエネルギーはともに、家に良い波長を生み出すために最高のレベルでバランスが取れていなければなりません。現世を生きる者の家では、陽のエネルギーは大変貴重で極めて重要ですが、決して陰のエネルギーがなくなるほど強くなってはいけないと考えられています。また、寝室をはじめ休息したりくつろいだりする部屋は新鮮な陰のエネルギーから利益を得ます。月や月光は一般に、縁起のいい澄んだ陰のエネルギーと関連づけられます。これは吉兆の陰のエネルギーであり、死んだり死にかけたりしているものと関連づけられる生気のない停滞したエネルギーとは異なります。つまり、枯れかけている植物から発せられる陰のエネルギーは望ましくありませんが、満月の純粋な陰のエネルギーは歓迎だということです。

月に関連する伝説は多数ありますが、中でも最も魅惑的なのは、月が縁結びの神の天の住まいだというお話でしょう。月には縁結びの神がいるので、いい相手と婚約したいと願う若い乙女たちは愛の方角を活気づけるのに役立つよう月のエネルギーを利用するべきだと信じられています。道教には、若い女性が真実の愛を見つけるために役立てるのに最も効果的だという月のエネルギーの利用に関連する特別な儀式があるそうです。月を利用したいと願う人のために喜んでお教えしたいところですが、残念ながら私はその儀式は知りません。

- 月のエネルギーを吸収した水で水浴びするのもいいでしょう。これは乙女により良い愛の生活を引き寄せます。満月の夜に水を入れたバケツ

を外に置き、月の光が反射することを確認してください。この水で、月の入浴剤を作りましょう。7種類の花と2種類の香料を加え、月のエネルギーに浸かってください。

- 月は、うさぎはもちろん、たましいが月にあると言われる大変吉兆な3本足の蛙とも関連づけられます。3本足の蛙、すなわち中国語で"チャンチュ"はかつて八仙の1人の妻でしたが、夫から不老不死の妙薬を盗んだことで天の神の怒りをかい、その罪のために蛙に姿を変えられ、月に追放されたと伝えられています。

太陽は陽のエネルギーの強力なシンボルであり源です

陽のエネルギーをとらえる最も簡単な方法は、家の中に時々太陽の光を入れることです。なぜなら、太陽は陽のエネルギーの最も強力なシンボルであり源だからです。太陽は浄化し、同時に活気づけます。この理由から、日光が不十分な状態に耐えている家は、陰が過剰である、すなわち不吉なエネルギーが溢れている状態ということになります。こういった状況は一般に育ちすぎた樹木が日光を完全にさえぎることにで起こります。家を取り囲む樹木は、貴重な日光が差すように必ず定期的に剪定するべきです。全体的な風水を高めるために貴重な陽のエネルギーを活用する方法はいくつかあります。

- まず、陽のエネルギーで活気づけた水を植物にやる水に加えたり、池や水槽に加えたり、花を入れる花瓶に加えたりして、利用することができます。水を入れたバケツを日なたに置き、少なくとも3時間直射日光に当ててください。一番いい日光は朝の光です。太陽で活気づけた水は生命力に満ちていることを覚えて置いてください!

- 2つ目に、輝く直射日光をとらえるために窓辺に切り子面のあるリードクリスタルをかけましょう。クリスタルは日光を分散し、家の中に美しい七色の光を豊富に作り出します。これは調和と明るい雰囲気を生む貴重な陽のエネルギーで家を包み込むでしょう。私は家中の窓辺に小さなクリスタルをつるすことで、ほとんど毎日のように色とりどりの光を感じています。

- 3つ目に、家の中に日光が差し込むように家のドアや窓を全部開け放ち、カーテンや窓を全部開けることで、定期的に家の中の太陽エネルギーをリフレッシュするのもいいでしょう。これは、集まり蓄積しているかもしれない停滞した生気のない陰のエネルギーを浄化します。月に1回こうすることをお勧めします。

最も強力な卦は乾(けん)

乾 けん

——創造です

乾は易経の64卦の1番目です。これは究極の陽のシンボルです。6本の実線、切れ目のない線からできています。乾は明るく活発で元気のいい気を生み出し、これは大きな幸運を引き寄せます。乾は、本質的に力そのものである天運をもたらすと言われています。

乾は、リーダーであり一家の稼ぎ手である家長に有益です。家やリビングの北西に置くのがベストです。これは八卦のシンボルにおける後天定位の卦の並びに示されています。北西に乾の卦のイメージを置くことで、卓越した成功運に恵まれるでしょう。これは偉大な力を持つ天の最大限の力によって活気づけられます。乾が表す能力は創造力で、それは夏季に頂点に達し、最大の恩恵が感じられるでしょう。

この卦を刺激する最良の方法は、天井、壁、家具の合わせ目やラインのデザインにこの卦を組み込むことです。6本の実線を組み込むのが難しければ、3本でもいいでしょう。乾のシンボルを活性化するにはたいていこれで十分です。

玄関ドアが家の北西に位置する場合、あるいは北西を直接向いている場合、ドアに乾のイメージを彫刻するか、浮き彫り細工にするのもいい考えです。

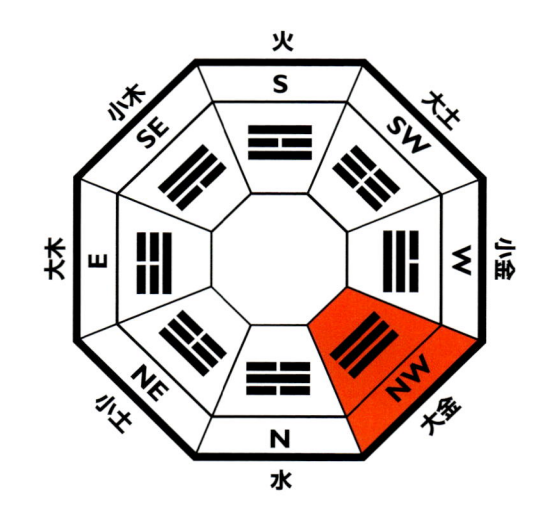

11章 | 陰陽と幸運の6線シンボル

これは家全体の風水に役立ちますが、特に一家の稼ぎ手の風水に利益があります。一方、主寝室が家の北西にある場合は、天井や壁のコーニスに実線を組み込むと、乾のエネルギーが活性化されます。

女家長の卦は坤 ——受容です

坤（こん）

坤はあらゆる地のエネルギーを含みます。つまり、乾が天で、坤は地を意味します。乾は家長で、坤は女家長の本質を表します。この卦は究極の陰のエネルギーを象徴します。乾が男性であるのに対し、坤は女性です。乾が6本の実線で表されるのに対し、坤は6本の破線で表されます。

坤の位置は陽の八卦の配置によると、南西です。要素は大土です。従って、坤は強力な土のエネルギーから利益を得ます。この卦を活性化させると、家の女性、特に女家長や年配の女性に利益があります。また、一家の稼ぎ手になった未亡人には優れたエネルギーを高めるものとなります。

南西方面の家具や壁のデザインに破線のシンボルを組み込んで坤を活性化させてください。南西方面で、これに他の土の性質を持つクリスタルなどを補足すると、運は大変吉兆になるでしょう。この卦は、一般に母親の忍耐によって成し遂げられる卓越した成功をもたらします。また、女家長が引き受けたプロジェクトのスムーズな前進を保証します。

坤を活気づけるのは、人間関係運にも極めて有益です。方位磁石の8方すべての方位、特に基本の4方位で友人が見つかるでしょう。これは信頼できる友人になるでしょう。心の問題に関連する運を願う人は、坤の卦のイメージで南西を活気づけるのもいいでしょう。南西にあるテーブルにこのシンボルを彫り、上を明るい照明で照らしてください。火の要素に坤のイメージを組み合わせると、陰陽の素晴らしいバランスを生み出し、火が土をつくるために、土の要素を高めることにもなります。

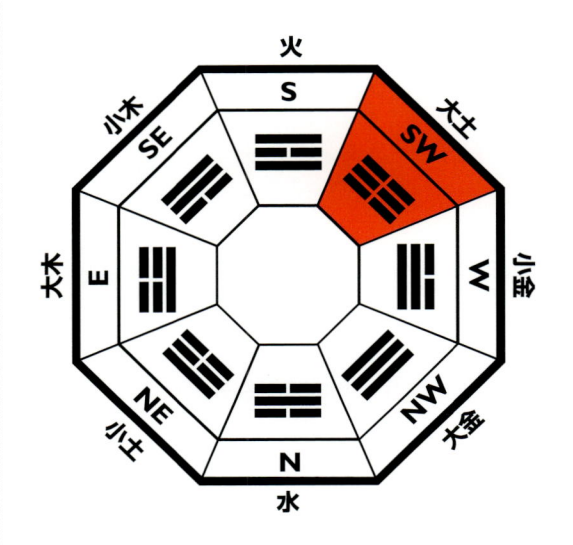

風水では、上昇しようとする卦——震が勧められます

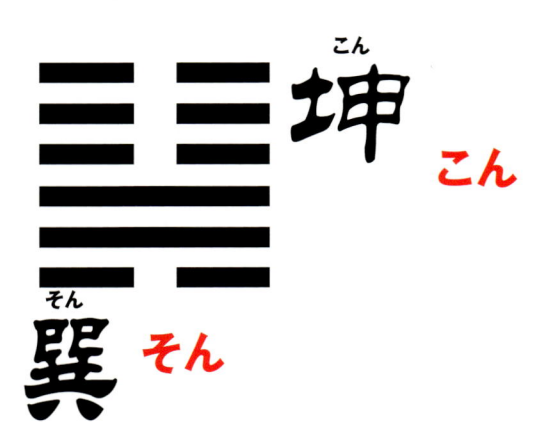

坤(こん)
巽(そん)

　これは46番目の卦、震で、下部が巽、上部が坤でできています。上のイメージは、上に押し上がろうとする地中の木のイメージで、着実に成長している状態を意味します。必然的かつ最高の成功を暗示するとても縁起のいい卦です。また、仕事はもちろん、人生の進路においても比較的障害がないことをほのめかします。大望を達成するのに何ら妨害はありません。そのイメージは上に紹介しているとおりです。八卦の巽は土の下の木です。これは上に押し上がり、大きな木に成長します。これが象徴するものは幸運をもたらし、易経ではこのように表されています。

> 土の中で木は育つ
> 上に押し上がろうとするイメージ
> つまり、良い人柄の優れた人間は
> 高度な大きなことを成し遂げるために
> 小さなものを積み上げる。

　この卦の運をとらえるために、この卦を写し、木の要素の方面である東か南東に置いてください。この木の方面のどちらかに玄関ドアがある場合、ドアのデザインにこの卦を組み込めば大変利益があるでしょう。この卦を写し、家に入ってすぐの戸口の上に置いてもいいでしょう。

　震は、成長の初期段階における最初の勢いは自身の自信から来るということをほのめかしています。しかし、初期段階ゆえに、この卦は謙遜するよう助言します。そうしてこそ、四方からの協力が得られるでしょう。

　震は、あなたの忍耐と勤勉に気づいた有力な後援者から協力と支持が得られることも意味します。言い換えれば、勤勉ゆえに、援助してくれる人に認められるという幸運を享受できるということです。この恩師運はあなたが節度ある態度で忍耐強く努力を続ける限り続くでしょう。震の意味することが表す幸運は様々であるため、易経を実践する風水師はこの卦を幸運のシンボルとして置くことを大いに勧めています。

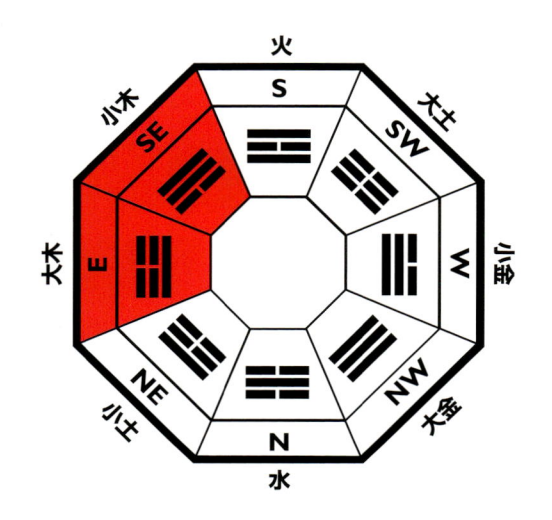

12章
吉兆の神

こ の章で扱う神々は非常に人気があります。私はこれらの神々を深遠な意味のためだけでなく、それぞれの神が表す吉兆や幸福のシンボルのためにもぜひお勧めします。

ここで紹介する神々の中には常に人気の三星神、福禄寿はもちろん、富の神もいます。もう一人、大変な人気の神で、あなたの困難や問題をかき集める大きな袋を持つ笑う仏陀がいます。たくさんの幸せや豊かさの前兆となるよう、また守護となるよう、こういった神々を家に置いてください。ただし、あなたの宗教的感性に反しない範囲で行ってください。

強力な富の神、財神爺
財神爺

この強力な富の神はたいてい虎の上に座る姿で表されます。龍の衣服を着ています。右手には、ゴールドのインゴットと赤い糸でつないだコインの束のシンボルを持っています。左の腕には、様々な尊いシンボルをつけた杖を抱えています。顔は恐ろしげですが、くつろいでいます。

　財神爺を家に招きたいなら、必ず彼を置く特別な場所を準備してください。財神爺は常に玄関ドアの方を向いているべきです。必ずしも直接向き合う必要はありませんが、財神爺がドアに直接向き合っていれば申し分ないでしょう。玄関ドアと対角になる玄関広間やリビングのコーナーに置いてもいいでしょう。財神爺はテーブルの上に置くべきです。決して床に置くべきではありません。

　仏陀や観音菩薩をまつる仏壇や他の宗教の祭壇が家にある場合、その同じ仏壇や祭壇に財神爺を置かないでください。そんなことをすると、あなたが祈りを捧げる神々に大変失礼になります。私は大変尊敬する人々から富の神は拝む必要はないというアドバイスを受けました。とはいえ、象徴的なお供えはしてもいいでしょう。それには新鮮なオレンジがベストです。赤い紙を添えて皿に盛ったオレンジを置くのは儀式的にも吉兆であると思われます。

　寝室には富の神のようなイメージは置かないでください。これはとても不吉だと言われます。ダイニングに置くのはかまいませんが、最適な場所はリビングです。八卦の法則や生まれ年の動物に基づく最も縁起のいい方角にあたるリビングのコーナーに富の神を置いてもいいでしょう。この2つの幸運の方角は、風水の異なる学派に基づくものですので、どちらに従うかはあなたが決めてください。当惑する必要はありません。風水は解釈に大きな幅のある科学ですから、私としては自分のためになることをするようお勧めします。

福建の富の神、大伯公
大伯公

　この神は福建の富の神で、道教の財神として崇拝されています。この神のイメージは先に紹介した富の神とはかなり異なります。この大伯公は立ち姿で、吉兆のシンボルを描いた衣服をまとい、右手に財を招くという意味のことを宣言する掛け軸を持っています。また、左手には権威の象徴であり大変な吉兆のシンボルである笏があります。翡翠の笏は力や権威を望む人々に素晴らしい運を授けると信じられています。ゆえに、笏はそれ自体が吉兆のシンボ

12章 | 吉兆の神

三星神、福禄寿

　三星神は富、健康、長寿を表す人気の神様で、福禄寿として知られています。彼らのイメージは熱心に買い求められ、この人気に匹敵するのは笑う仏陀だけです。

　三星神は、天の支配者である道教の3神で

ルとなります。ここでは富の神は、富と成功を願う人々に授ける大きな幸運を強調するために笏を持っています。

　この神は福建省やペナン地域で尊ばれ、そこには彼に財を与えてもらった人々が建設した小さな神社がたくさんあります。また、クアラルンプールのチャイナタウンには、彼に祈って利益を得た人々が彼をまつって建てた大きな神社があるそうです。

　他に財神が2人いますが、この2人は同じ1人の神を武財神と文財神の2つの側面で表したもので、紀元前12世紀に生きた比干として知られる聖人のイメージを神格化したものだと言われています。

力と権威を表す吉兆のシンボル、笏。仕事運のために、リビングの北に飾ってください

ある三清によく間違えられます。これを間違えないようにすることが重要です。

　福禄寿は家のダイニングエリアに置くのがベストです。多くの家庭が福禄寿を数セット所有し、稼ぎ手の職場と家の両方に置いています。私個人は福禄寿を3セット持っています。1つは家のダイニングに、1つはテレビのある家族の居間に、1つはリビングに置いています。これ

12章 | 吉兆の神

太った姿で表される笑う仏陀は、富の仏陀であり、幸福の仏陀です

笑う仏陀は最もかわいい仏陀のイメージの1つです。彼の笑う姿は世界中の家庭や中華料理店で見ることができます。笑う仏陀は、そのイメージがビジネスに携わる人々に繁栄運をもたらすと信じられることから、富の仏陀と言われてきました。彼を富の仏陀と考える人々は彼の大きな袋にはゴールドのインゴットや宝石が入っていると決め込んでいます。中には、彼の富はすべてあの大きく丸いおなかにあると言う人もいます。つまり、おなかが大きければ大きいほど、吉兆ということになります。笑う仏陀の祝福を享受するために、毎日大きなおなかを撫でるべきでしょう。

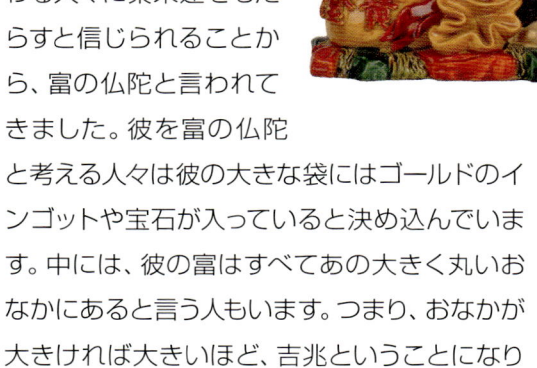

一方、笑う仏陀は人間の不幸やトラブル、心配事をかき集めて全部その大きな袋に詰め込むのが好きだと言われることから、幸福の仏陀とも考えられています。彼にとって問題を幸福に変えることほど幸せなことはないそうです。人間はみんな多くの問題を抱えているから、彼の袋は大きく重いと言われます。これも彼が幸せそうに笑う姿で表される理由です。というのは、彼は大好きなこと、つまり人々の問題や不幸を拾い上げることができるからです。これはとても信憑性があり、

は単にこの三星神に関連する意味がとても縁起がいいからです。

基本的に、三星神は全体的な幸運を意味します。家に調和をもたらし、否定的な雰囲気を打ち負かします。また、健康、様々な繁栄、豊かな子孫運をももたらします。子孫運は子供を抱えている三星神の1人が象徴しています。

上の写真は一般的な配置で三星神を明確に表しています。長寿の神、寿は長寿のシンボルのついた衣服を着て、不老不死の美酒の入ったヒョウタンを持っています。福は権力、成功、権威を表す笏を持ち、禄は子孫運を表す子供を抱えています。

12章 | 吉兆の神

仏陀の教えにも一致しているので、私はこの話が大好きです。

実際には、笑う仏陀は未来に現れる仏陀、弥勒菩薩です

弥勒菩薩

笑う仏陀は中国の多くの仏教徒から未来に出現する仏陀、すなわち弥勒菩薩であると考えられています。もちろん、他の文化における弥勒菩薩はすべて、とても美しく人目を引くイメージで表されます。大部分の弥勒菩薩のイメージは中国版とはまったく異なります。私は、これほどまでに人気のある吉兆のシンボルとなった中国の弥勒菩薩がどうしてこんなに大きく太っているのかその理由を伝える話を調べてみたところ、大変おもしろい説明を見つけました。その話によると、生前、弥勒菩薩は大変美しく、その姿に大勢の乙女たちが卒倒したため、それを哀れに思った彼はそんなことがないよう大きく太った姿で現れることにしたというのです。

このため、中国版の弥勒菩薩は太った姿で笑っています。中国で、弥勒仏として知られる、この仏陀は文字通り笑う仏陀なのです。笑う仏陀のイメージはリビングに置いてください。玄関ドアに向き合うように置き、できるだけ大きなものを選ぶのが好ましいでしょう。好きな姿のものを選んでかまいません。笑う仏陀は様々な姿に作られ、使用されている素材も陶磁器から象牙、クロワゾンネ七宝、木まで様々です。あなたにとって最も吉兆と考えられる要素に一致する素材を探すのもいいかもしれません。この大変縁起のいいイメージには様々な素晴らしいものがありますから、特に魅力を感じるものをじっくり選んでください。

> 笑う仏陀のイメージを買うときは、笑顔、大きなおなか、袋を持っているという3点に注意してください。この3つの主要なシンボルを好きになってください。やがてこのイメージに親近感を覚えるようになれば、たくさんの幸運がもたらされると言われています

付録 | 太陰暦100年

太陰暦100年カレンダー

動物	太陰暦の日付	地	天
子 ねずみ(水)	1924年2月5日 - 1925年1月23日	水	木
丑 うし(土)	1925年1月24日 - 1926年2月12日	土	木
寅 とら(木)	1926年2月13日 - 1927年2月1日	木	火
卯 うさぎ(木)	1927年2月2日 - 1928年1月22日	木	火
辰 たつ(土)	1928年1月23日 - 1929年2月9日	土	土
巳 へび(火)	1929年2月10日 - 1930年1月29日	火	土
午 うま(火)	1930年1月30日 - 1931年2月16日	火	金
未 ひつじ(土)	1931年2月17日 - 1932年2月5日	土	金
申 さる(金)	1932年2月6日 - 1933年1月25日	金	水
酉 とり(金)	1933年1月26日 - 1934年2月13日	金	水
戌 いぬ(土)	1934年2月14日 - 1935年2月3日	土	木
亥 いのしし(水)	1935年2月4日 - 1936年1月23日	水	木
子 ねずみ(水)	1936年1月24日 - 1937年2月10日	水	火
丑 うし(土)	1937年2月11日 - 1938年1月30日	土	火
寅 とら(木)	1938年1月31日 - 1939年2月18日	木	土
卯 うさぎ(木)	1939年2月19日 - 1940年2月7日	木	土
辰 たつ(土)	1940年2月8日 - 1941年1月26日	土	金
巳 へび(火)	1941年1月27日 - 1942年2月14日	火	金
午 うま(火)	1942年2月15日 - 1943年2月4日	火	水
未 ひつじ(土)	1943年2月5日 - 1944年1月24日	土	水
申 さる(金)	1944年1月25日 - 1945年2月12日	金	木
酉 とり(金)	1945年2月13日 - 1946年2月1日	金	木
戌 いぬ(土)	1946年2月2日 - 1947年1月21日	土	火
亥 いのしし(水)	1947年1月22日 - 1948年2月9日	水	火
子 ねずみ(水)	1948年2月10日 - 1949年1月28日	水	土
丑 うし(土)	1949年1月29日 - 1950年2月16日	土	土
寅 とら(木)	1950年2月17日 - 1951年2月5日	木	金
卯 うさぎ(木)	1951年2月6日 - 1952年1月26日	木	金
辰 たつ(土)	1952年1月27日 - 1953年2月13日	土	水
巳 へび(火)	1953年2月14日 - 1954年2月2日	火	水

付録 | 太陰暦100年

動物	太陰暦の日付	地	天
午 うま(火)	1954年2月3日 - 1955年1月23日	火	木
未 ひつじ(土)	1955年1月24日 - 1956年2月11日	土	木
申 さる(金)	1956年2月12日 - 1957年1月30日	金	火
酉 とり(金)	1957年1月31日 - 1958年2月17日	金	火
戌 いぬ(土)	1958年2月18日 - 1959年2月7日	土	土
亥 いのしし(水)	1959年2月8日 - 1960年1月27日	水	土
子 ねずみ(水)	1960年1月28日 - 1961年2月14日	水	金
丑 うし(土)	1961年2月15日 - 1962年2月4日	土	金
寅 とら(木)	1962年2月5日 - 1963年1月24日	木	水
卯 うさぎ(木)	1963年1月25日 - 1964年2月12日	木	水
辰 たつ(土)	1964年2月13日 - 1965年2月1日	土	木
巳 へび(火)	1965年2月2日 - 1966年1月20日	火	木
午 うま(火)	1966年1月21日 - 1967年2月8日	火	火
未 ひつじ(土)	1967年2月9日 - 1968年1月29日	土	火
申 さる(金)	1968年1月30日 - 1969年2月16日	金	土
酉 とり(金)	1969年2月17日 - 1970年2月5日	金	土
戌 いぬ(土)	1970年2月6日 - 1971年1月26日	土	金
亥 いのしし(水)	1971年1月27日 - 1972年2月14日	水	金
子 ねずみ(水)	1972年2月15日 - 1973年2月2日	水	水
丑 うし(土)	1973年2月3日 - 1974年1月22日	土	水
寅 とら(木)	1974年1月23日 - 1975年2月10日	木	木
卯 うさぎ(木)	1975年2月11日 - 1976年1月30日	木	木
辰 たつ(土)	1976年1月31日 - 1977年2月17日	土	火
巳 へび(火)	1977年2月18日 - 1978年2月6日	火	火
午 うま(火)	1978年2月7日 - 1979年1月27日	火	土
未 ひつじ(土)	1979年1月28日 - 1980年2月15日	土	土
申 さる(金)	1980年2月16日 - 1981年2月4日	金	金
酉 とり(金)	1981年2月5日 - 1982年1月24日	金	金
戌 いぬ(土)	1982年1月25日 - 1983年2月12日	土	水

付録 | 太陰暦100年

動物	太陰暦の日付	地	天
亥 いのしし(水)	1983年2月13日 - 1984年2月1日	水	水
子 ねずみ(水)	1984年2月2日 - 1985年2月19日	水	木
丑 うし(土)	1985年2月20日 - 1986年2月8日	土	木
寅 とら(木)	1986年2月9日 - 1987年1月28日	木	火
卯 うさぎ(木)	1987年1月29日 - 1988年2月16日	木	火
辰 たつ(土)	1988年2月17日 - 1989年2月5日	土	土
巳 へび(火)	1989年2月6日 - 1990年1月26日	火	土
午 うま(火)	1990年1月27日 - 1991年2月14日	火	金
未 ひつじ(土)	1991年2月15日 - 1992年2月3日	土	金
申 さる(金)	1992年2月4日 - 1993年1月22日	金	水
酉 とり(金)	1993年1月23日 - 1994年2月9日	金	水
戌 いぬ(土)	1994年2月10日 - 1995年1月30日	土	木
亥 いのしし(水)	1995年1月31日 - 1996年2月18日	水	木
子 ねずみ(水)	1996年2月19日 - 1997年2月6日	水	火
丑 うし(土)	1997年2月7日 - 1998年1月27日	土	火
寅 とら(木)	1998年1月28日 - 1999年2月15日	木	土
卯 うさぎ(木)	1999年2月16日 - 2000年2月4日	木	土
辰 たつ(土)	2000年2月5日 - 2001年1月23日	土	金
巳 へび(火)	2001年1月24日 - 2002年2月11日	火	金
午 うま(火)	2002年2月12日 - 2003年1月31日	火	水
未 ひつじ(土)	2003年2月1日 - 2004年1月21日	土	水
申 さる(金)	2004年1月22日 - 2005年2月8日	金	木
酉 とり(金)	2005年2月9日 - 2006年1月28日	金	木
戌 いぬ(土)	2006年1月29日 - 2007年2月17日	土	火
亥 いのしし(水)	2007年2月18日 - 2008年2月6日	水	火
子 ねずみ(水)	2008年2月7日 - 2009年1月25日	水	土
丑 うし(土)	2009年1月26日 - 2010年2月13日	土	土
寅 とら(木)	2010年2月14日 - 2011年2月2日	木	金
卯 うさぎ(木)	2011年2月3日 - 2012年1月22日	木	金

付録 | 太陰暦100年

動物	太陰暦の日付	地	天
辰 たつ(土)	2012年1月23日 － 2013年2月9日	土	水
巳 へび(火)	2013年2月10日 － 2014年1月30日	火	水
午 うま(火)	2014年1月31日 － 2015年2月18日	火	木
未 ひつじ(土)	2015年2月19日 － 2016年2月7日	土	木
申 さる(金)	2016年2月8日 － 2017年1月27日	金	火
酉 とり(金)	2017年1月28日 － 2018年2月15日	金	火
戌 いぬ(土)	2018年2月16日 － 2019年2月4日	土	土
亥 いのしし(水)	2019年2月5日 － 2020年1月24日	水	土
子 ねずみ(水)	2020年1月25日 － 2021年2月11日	水	金
丑 うし(土)	2021年2月12日 － 2022年1月31日	土	金
寅 とら(木)	2022年2月1日 － 2023年1月21日	木	水
卯 うさぎ(木)	2023年1月22日 － 2024年2月9日	木	水
辰 たつ(土)	2024年2月10日 － 2025年1月28日	土	木
巳 へび(火)	2025年1月29日 － 2026年2月16日	火	木
午 うま(火)	2026年2月17日 － 2027年2月5日	火	火
未 ひつじ(土)	2027年2月6日 － 2028年1月25日	土	火
申 さる(金)	2028年1月26日 － 2029年2月12日	金	土
酉 とり(金)	2029年2月13日 － 2030年2月2日	金	土
戌 いぬ(土)	2030年2月3日 － 2031年1月22日	土	金
亥 いのしし(水)	2031年1月23日 － 2032年2月10日	水	金
子 ねずみ(水)	2032年2月11日 － 2033年1月30日	水	水
丑 うし(土)	2033年1月31日 － 2034年2月18日	土	水
寅 とら(木)	2034年2月19日 － 2035年2月7日	木	木
卯 うさぎ(木)	2035年2月8日 － 2036年1月27日	木	木
辰 たつ(土)	2036年1月28日 － 2037年2月14日	土	火
巳 へび(火)	2037年2月15日 － 2038年2月3日	火	火
午 うま(火)	2038年2月4日 － 2039年1月23日	火	土
未 ひつじ(土)	2039年1月24日 － 2040年2月11日	土	土
申 さる(金)	2040年2月12日 － 2041年1月31日	金	金

付録 | 太陰暦100年

動物	太陰暦の日付	地	天
酉 とり(金)	2041年2月1日 - 2042年1月21日	金	金
戌 いぬ(土)	2042年1月22日 - 2043年2月9日	土	水
亥 いのしし(水)	2043年2月10日 - 2044年1月29日	水	水
子 ねずみ(水)	2044年1月30日 - 2045年2月16日	水	木
丑 うし(土)	2045年2月17日 - 2046年2月5日	土	木
寅 とら(木)	2046年2月6日 - 2047年1月25日	木	火
卯 うさぎ(木)	2047年1月26日 - 2048年2月13日	木	火
辰 たつ(土)	2048年2月14日 - 2049年2月1日	土	土
巳 へび(火)	2049年2月2日 - 2050年1月22日	火	土
午 うま(火)	2050年1月23日 - 2051年2月11日	火	金
未 ひつじ(土)	2051年2月12日 - 2052年1月31日	土	金
申 さる(金)	2052年2月1日 - 2053年2月18日	金	水
酉 とり(金)	2053年2月19日 - 2054年2月7日	金	水
戌 いぬ(土)	2054年2月8日 - 2055年1月27日	土	木
亥 いのしし(水)	2055年1月28日 - 2056年2月14日	水	木
子 ねずみ(水)	2056年2月15日 - 2057年2月3日	水	火
丑 うし(土)	2057年2月4日 - 2058年1月23日	土	火
寅 とら(木)	2058年1月24日 - 2059年2月11日	木	土
卯 うさぎ(木)	2059年2月12日 - 2060年2月1日	木	土
辰 たつ(土)	2060年2月2日 - 2061年1月20日	土	金
巳 へび(火)	2061年1月21日 - 2062年2月8日	火	金
午 うま(火)	2062年2月9日 - 2063年1月28日	火	水
未 ひつじ(土)	2063年1月29日 - 2064年2月16日	土	水
申 さる(金)	2064年2月17日 - 2065年2月4日	金	木
酉 とり(金)	2065年2月5日 - 2066年1月25日	金	木
戌 いぬ(土)	2066年1月26日 - 2067年2月13日	土	火
亥 いのしし(水)	2067年2月14日 - 2068年2月2日	水	火

世界中にあるリリアン・トゥーの風水ブティック

風水で必要なものがあれば、私のインターネットショップ　風水メガモールにお越しください。　www.fsmegamall.jp

AUSTRALIA
WOFS MELBOURNE
Lower Ground Floor, Crown Entertainment Complex, Melbourne, Victoria, Australia. Tel: +613-9645-8588
Email: melbourne@worldoffengshui.com

BELGIUM
WOFS BELGIUM
Ninoofsesteenweg, Brussels, Belgium.
Tel: +32 02 522 2697
Email: belgium@worldoffengshui.com

BRUNEI
WOFS BRUNEI
Warisan Mata-Mata, Brunei Darussalam. Tel: +673-245 4977
Email: brunei@worldoffengshui.com

CANADA
WOFS TORONTO
Rutherford Road, Tuscany Place at Vaughan Mills, Vaughan, Ontario, Canada. Tel: +1 905 660 8899
Email: toronto@worldoffengshui.com

INDIA
WOFS CALCUTTA
Shakespeare Sarani, Calcutta, India.
Tel: +9133-22815263
Email: calcutta@worldoffengshui.com

INDONESIA
WOFS ARTHA GADING
Artha Gading Mall, Gramedia Book Store Jakarta-Utara.
Tel: +6221-668 3610/20/30
Email: indonesia@worldoffengshui.com

WOFS KELAPA GADING
Kelapa Gading Plaza, Jakarta Indonesia. Tel: +6221-4526986
Email: indonesia@worldoffengshui.com

WOFS MATRAMAN
Toko Buku Gramedia Matraman, Jakarta Timur, Indonesia.
Tel: +6221-8517325
Email: indonesia@worldoffengshui.com

WOFS MTA
Mall Taman Anggrek (MTA) Ground Level Lt. Slipi-Jakarta Barat, Indonesia. Tel: +6221-5699-9488
Email: indonesia@worldoffengshui.com

WOFS PLUIT
TB Gramedia Mega Mall Pluit, Jakarta Utara. Tel: +6221-4586 4070
Email: indonesia@worldoffengshui.com

NETHERLANDS
WOFS NETHERLANDS
Stationsplein 1, Netherlands.
Tel: +31-356781838
Email: netherlands@worldoffengshui.com

PHILIPPINES
WOFS CEBU
Lower Ground Floor, SM City Cebu, Philippines. Tel: +032 231 4088
Email: philippines@worldoffengshui.com

WOFS PHILIPPINES
Ground Floor, The Podium, Mandaluyong City, Metro Manila, Philippines. Tel: +63-29106000
Email: philippines@worldoffengshui.com

WOFS MOA
Mall of Asia, SM Central Business Park 1, Island A, Bay City, Pasag City.
Tel: +63-2910 6000
Email: philippines@worldoffengshui.com

WOFS SM NORTH EDSA
The Block, Quezon City, Philippines.
Tel: +63-856 0669
Email: philippines@worldoffengshui.com

WOFS SERENDRA
The Piazza, Fort Bonifacio, Global City, Philippines.
Tel: +63-856 0669
Email: philippines@worldoffengshui.com

RUSSIA
WOFS MOSCOW
Office 6-8, Building 519, Russian Exhibition Center, Moscow, 129515, Russian Federation.
Email: moscow@worldoffengshui.com

SPAIN
WOFS BARCELONA
C.Urgell, Barcelona, Spain.
Tel: +34934244801
Email: spain@worldoffengshui.com

WOFS MADRID
Centro Comercial Mercado Puerta de Toledo, Madrid, Spain.
Tel: +34-91-3642771
Email: madrid@worldoffengshui.com

WOFS VALENCIA
Calle Joaquin Costa 53, Valencia, Spain.
Email: valencia@worldoffengshui.com

SINGAPORE
WOFS SINGAPORE
1 Harbourfront Walk, #B2 - 12, Vivo City, Singapore 098585 (In front of Giant Hypermall)
Email: singapore@worldoffengshui.com

THAILAND
WOFS SEACON SQUARE
2nd Floor, Seacon Square Department Store, Thailand.
Tel: +66 (0) 2-721-9398
Email: bangkok@worldoffengshui.com

WOFS THAILAND
10th Floor, Regent House, Bangkok, Thailand. Tel: +66 (0) 2-254-9918, +66 (0) 2-254-7243, +66 (0) 2-254-9540
Email: bangkok@worldoffengshui.com

WOFS UNION MALL
F1 Union Mall Department Store 54, Bangkok, Thailand.
Tel: +66(0)2-939-3268
Email: bangkok@worldoffengshui.com

UNITED KINGDOM
WOFS LONDON
Whiteleys Shopping Centre, Queensway.
Email: london@worldoffengshui.com

UNITED STATES OF AMERICA
WOFS ARCADIA
Westfield Shopping Mall-Santa Anita, Arcadia, CA, USA. Tel: +626 447 8886
Email: arcadia@worldoffengshui.com

WOFS HAWAII
Kilohana Square, Honolulu, USA.
Tel: +1808-739-8288
Email: hawaii@worldoffengshui.com

WOFS PEARLRIDGE
Uptown II, Monlua Road, Aiea, Hawaii.
Tel: +808-487-3888
Email: pearlridge@worldoffengshui.com

WOFS LAS VEGAS
Spring Mountain Blvd, Las Vegas, NV, USA. Tel: +702-386-1888
Email: lasvegas@worldoffengshui.com

VIETNAM
WOFS VIETNAM
Cong Hoa, Ward 4 District
Tan Binh, Ho Chi Minh, Vietnam.
Email: vietnam@worldoffengshui.com

MALAYSIA
WOFS MID VALLEY
3rd Floor, Centre Court, K.L.
Tel: +603-2287 9975
Email: wofs@worldoffengshui.com

WOFS NORTHPOINT
17th Floor, Northpoint Office,
Northpoint Mid Valley City, K.L.
Tel: +603-2080 3488
Email: wofs@worldoffengshui.com

WOFS ALOR SETAR
2nd Floor, Complex Star Parade,
Kedah. Tel: +604-730 8118
Email: alorsetar@worldoffengshui.com

WOFS BUKIT RAJA
Jusco Bukit Raja, Klang.
Tel: +603-3341 3889
Email: bukitraja@worldoffengshui.com

WOFS GURNEY
Plaza Gurney, Penang, Malaysia.
Tel: +604-228 4618
Email: gurney@worldoffengshui.com

WOFS IPOH
Jalan Theatre, Ipoh, Perak.
Tel: +605-249 2688
Email: ipoh@worldoffengshui.com

WOFS JOHOR
Ground Floor, Jusco Permas Jaya
Shopping Centre, Johore Bahru.
Tel: +607-388 9968
Email: johor@worldoffengshui.com

WOFS KOTA KINABALU
2nd Floor, Wisma Merdeka,
Kota Kinabalu, Sabah.
Tel: +088-248 798
Email: kotakinabalu@worldoffengshui.com

WOFS KUANTAN
1st Floor, Berjaya Megamall, Kuantan,
Pahang. Tel: +609-508 3168
Email: kuantan@worldoffengshui.com

WOFS KUCHING
Ground Floor, Wisma Ho Ho Lim,
Kuching, Sarawak, East M'sia.
Tel: +082-425 698
Email: kuching@worldoffengshui.com

WOFS MELAKA
Mahkota Parade, Melaka.
Tel: +606-282 2688
Email: melaka@worldoffengshui.com

WOFS MIRI
Level 1, Bintang Plaza, Miri.
Email: miri@worldoffengshui.com

WOFS MUTIARA
Ground Floor, Mutiara Hotel Johor
Bahru. Tel: +607-331 9968
Email: johor@worldoffengshui.com

WOFS PUCHONG
2nd Floor, IOI Mall, Puchong,
Selangor. Tel: +603-5882 2652
Email: puchong@worldoffengshui.com

WOFS SEREMBAN
1st Floor, Jusco Shopping Centre,
Seremban 2, Seremban.
Tel: +606-601 3088
Email: seremban@worldoffengshui.com

WOFS SUBANG
Ground Floor, Subang Parade, P.J.
Selangor. Tel: +603-5632 1428
Email: subang@worldoffengshui.com

WOFS TAIPING
12A, Taiping Business Centre, Taiping,
Perak. Tel: +605-806 6648
Email: taiping@worldoffengshui.com

WOFS TEBRAU
2nd Floor, Aeon Tebrau Shopping
Centre, J.B. Johor. Tel: +607-357 9968
Email: johor@worldoffengshui.com

JAPAN
ワールド・オブ・風水ジャパン HQ
〒141-0031 東京都品川区西五反田
1-24-4 タケゲンビル5階
Tel:03-5926-4698 Fax:03-5926-4697
Email: mail@wofs.jp

WOFS 三重
〒517-0502 三重県志摩市阿児町神明670-2
Tel:0599-43-8909
Email: mie@worldoffengshui.com

より多くの風水に関するニュース、記事は世界で最も人気のある風水のウェブサイト wofs.jp をご覧下さい。

www.wofs.jp

風水オンラインマガジンWOFS.JP

風水メガモール

著者：リリアン・トゥー(Lilian Too)
世界的に知られる風水のベストセラー作家。風水に関する80タイトル以上の著書があり、30以上の言語に翻訳されている。コンサルタントであり講演者としても人気がある。アメリカのハーバード・ビジネススクールでMBAを取得している。
ビジネス界にいた当時は、銀行頭取を務め、香港の百貨店チェーンを所有、経営している。現在は自ら出版社を所有し、娘のジェニファーが始めた世界的な風水ビジネスにアドバイスをしている。また、Wofs.comは、世界的に広く販売されている風水に関する雑誌『風水ワールド』を出版するだけでなく、世界的に非常に人気のある風水に関するウェブサイトも運営している。
2004年、アストロチャンネルのテレビ番組にホスト役で出演して好評をはくし、その番組は二期目も等しく成功を収めている。マレーシア在住。

監修：田中 道明(たなか みちあき)
ワールド・オブ・風水ジャパン代表。日本人としてはじめてリリアン・トゥーから風水を習う。「リリアン・トゥー 308の風水術(サンマーク出版)」「リリアン・トゥー フライングスター風水占い(小学館)」の翻訳者。

翻訳者：竹内 智子(たけうち ともこ)
同志社大学英文科卒業。訳書に『風水原理を生かす』『漢方療法』(いずれも産調出版)など。

LILIAN TOO FENG SHUI Symbols of good fortune
リリアン・トゥーの風水 幸運のシンボル

発　　行	2008年8月5日
本体価格	2,600円
発 行 者	平野 陽三
発 行 元	ガイアブックス

〒619-0074 東京都新宿区北新宿3-14-8
TEL:03(3366)1411　FAX:03(3366)3503
http://www.gaiajapan.co.jp

発 売 元　　産調出版
印刷・製本　　株式会社 シナノ

Copyright SUNCHOH SHUPPAN INC. JAPAN2008
ISBN 978-4-88282-674-3 C0077
落丁本・乱丁本はお取り替えいたします。
本書を許可なく複製することは、かたくお断りいたします。